たのしく学ぶ
ミクロ経済学

滝川好夫 著

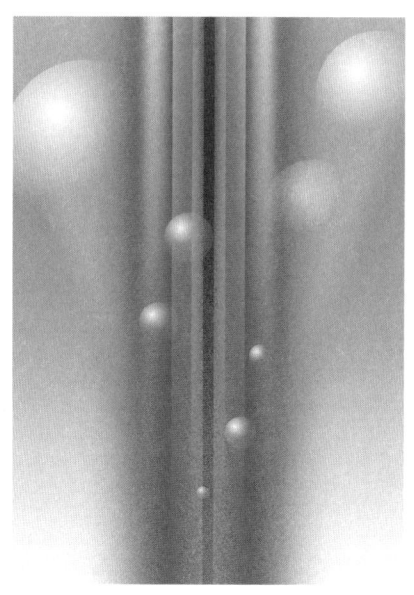

ミネルヴァ書房

は し が き

I 本書のねらい

著者は大学教育の目標として,
① 問題発見・問題解決できる人材を育てること
② コミュニケーション（プレゼンテーション）できる人材を育てること
の2つを挙げています。

ここで次の問題を考えてみましょう。「水なしでは生きていけませんが，水泥棒はさほどニュースになりません。指に宝石をちりばめたリングがなくても生活できるのに，宝石泥棒はニュースになります。水は生命の維持には不可欠であるが安価です。宝石は高価であるが生命の維持には必要ありません。なぜ水は安価で，宝石は高価なのでしょうか。」これを1つの問題発見とするならば，このような「水とダイヤモンドの逆説」と呼ばれている問題をどうして思いついたのでしょうか。問題を発見する能力は本，講義，講演などを通じた知的刺激によって磨かれ，また問題を解決する能力も本，講義，講演などを通じた学習によって得られます。

ゼミナールの輪読教材として使おうが，講義の教科書として使おうが，本書は問題発見・問題解決能力を養うのに役立つと思います。問題解決という点では中級・上級の本に頼らざるをえないことがしばしばあるかもしれませんが，問題発見能力を磨くには入門レベルの本シリーズで十分だと思います。

II 本書の特徴

さまざまな工夫をしながら学部学生にミクロ経済学を教えていますが，チャート（図表）を用いた視覚的学習方法はきわめて有効であると実感し，これが本書『たのしく学ぶ　ミクロ経済学』を書くことになった動機です。

本書は，ミクロ経済学を78項目にまとめ，1項目ずつを原則見開き2ページ

で簡潔に説明しています。教科書・参考書の評価は「内容」×「読みやすさ・見やすさ」であって,「内容」がゼロであっても,あるいは「読みやすさ・見やすさ」がゼロであっても,教科書・参考書の評価はゼロです。1項目ずつを原則見開き2ページで簡潔に説明することにより,本書は類書にくらべてたいへん「読みやすい・見やすい」ものになっています。

類書のような「読めば分かる」ではなく,「眺めるだけで分かる」を特徴として,各項目を原則「左に文章,右に図表」の見開き2ページで,視覚的に説明しています。松下正弘・大住圭介・中込正樹・平澤典男『チャートで学ぶ経済学』(有斐閣, 1990年9月) は本書と同じねらいと思われ,この好著を利用した授業の実体験から本書は生まれ,同書を本書作成のうえで大いに参考にさせていただきました。

読んで良かった,役に立ったと思われる本であることを願っていますが,読者のみなさんからの刺激が本書をさらに改善してくれることを期待しています。ミネルヴァ書房編集部の東寿浩氏には本書の企図を理解していただき,出版の機会を得られたことをここに記して,感謝の意を表します。

2009年3月

神戸大学大学院経済学研究科教授　滝川好夫

たのしく学ぶミクロ経済学

目　次

はしがき　i

序章　ミクロ経済学を学ぼう　1

1　なぜミクロ経済学を学ぶのか──合理的選択の理論　2
2　何をミクロ経済学で学ぶのか──神の見えざる手　4
3　どのようにミクロ経済学を学ぶのか──ミクロ経済学の全体構造　6

第1部　消費者・生産者の選択行動

第1章　消費者の選択行動──1人の消費者の需要　9

4　どのように消費者の選択行動を学ぶのか
　　──消費者行動理論の全体構造　10
5　効用は無限──1財の消費と効用関数　14
6　効用は無限──限界効用　16
7　効用は無限──2財の消費と効用関数　18
8　効用は無限──選好関係と無数の無差別曲線　20
9　予算は有限──1本の予算線　22
10　効用の最大化問題──無数の無差別曲線と1本の予算線　24
11　予算の最小化問題──1本の無差別曲線と無数の予算線　26
12　価格変化と効用最大化問題──価格消費曲線と個別需要曲線　28
13　予算変化と効用最大化問題──所得消費曲線とエンゲル曲線　32
14　価格変化の影響のスルツキー分解──代替効果と所得効果　36
15　消費者行動理論の応用──労働供給と貯蓄　38

第2章　生産者の選択行動──1人の生産者の供給　43

16　どのように生産者の選択行動を学ぶのか
　　──生産者行動理論の全体構造　44
17　消費者の選択行動と生産者の選択行動の類似性　46

18 生産技術・生産関数と生産要素購入予算 48
19 利潤最大化——産出量最大化と費用最小化 50
20 費用最小化——長期費用関数と短期費用関数 52
21 短期費用関数——固定費用と変動費用，平均費用と限界費用 54
22 利潤最大化——総収入，総費用および利潤 58
23 利潤最大化——限界収入，限界費用および限界利潤 60
24 利潤最大化と短期個別供給曲線 62
25 短期費用関数と長期費用関数——生産者の長期均衡 64

第2部 多数の消費者の需要と多数の生産者の供給——需給均衡

第3章 1つだけの完全競争市場の均衡——部分均衡分析 69

26 個別需要曲線から市場需要曲線へ 70
27 個別供給曲線から市場供給曲線へ 72
28 需要・供給曲線の性質——価格弾力性 74
29 1つだけの市場の均衡——需要と供給の均衡 78
30 価格による需給調整——ワルラスの価格調整と均衡安定条件 82
31 数量による需給調整——マーシャルの数量調整と均衡安定条件 84
32 比較静学——パラメータの変化の均衡への影響 86

第4章 2つ以上の完全競争市場の同時均衡——一般均衡分析 91

33 需要関数・供給関数の性質——ゼロ次同次性とニュメレール（基準財） 92
34 ワルラスの法則——予算制約式の集計 94
35 一般均衡分析——方程式の数と未知数の数 96

第3部　市場の望ましい状態——実証的経済学 vs. 規範的経済学

第5章　1つだけの市場の望ましい状態
　　　——部分均衡分析と余剰　99

　36　余剰——消費者余剰と生産者余剰　100
　37　政府の規制と余剰——数量規制と価格規制　102
　38　課税と余剰　104
　39　間接税の負担比率と需要・供給の価格弾力性——租税の帰着　106

第6章　2つ以上の市場の望ましい状態
　　　——一般均衡分析とパレート最適　109

　40　パレート基準とパレート最適　110
　41　純粋交換経済下の一般均衡分析とパレート最適　112
　42　生産経済下の一般均衡分析とパレート最適　116
　43　厚生経済学の基本定理　120
　44　純粋交換経済下における
　　　完全競争市場均衡条件とパレート最適条件　122

第4部　市場は"望ましい状態"を達成できるのか

第7章　不完全競争市場は"望ましい状態"を達成できない
　　　——独占の弊害　125

　45　完全競争市場の4つの特徴と不完全競争市場の理論　126
　46　生産者の利潤最大化問題——価格受容者 vs. 価格設定者　128
　47　供給独占者の利潤最大化問題　130
　48　供給独占者の価格設定　134
　49　供給独占の弊害　136

50 需要の価格弾力性と価格差別化
　　──価格に敏感な人 vs. 価格に鈍感な人　138
51 独占的競争市場──ブランド品　140
52 複占──クールノー均衡　142
53 複占──シュタッケルベルク均衡　144
54 寡占──屈折需要曲線と価格の硬直性　146
55 需要独占者の利潤最大化問題　148
56 需要独占者の価格設定　150

第8章　完全競争市場は"望ましい状態"を達成できないことがある──市場の失敗　153

57 平均費用逓減──市場の失敗の第一事例　154
58 外部性──市場の失敗の第二事例　156
59 公共財──市場の失敗の第三事例　160

第5部　ミクロ経済学の応用

第9章　不確実性下の選択──確率の世界　165

60 1つの資産のリターンとリスク
　　──過去の実績あるいはシナリオ生起確率による計算　166
61 期待効用仮説と平均・分散アプローチ　168
62 リスクに対する投資家の選好──効用関数　170
63 リスク回避者・保険プレミアムとリスク愛好者・危険プレミアム　172
64 リターンとリスクに対する投資家の選好──無差別曲線　174
65 保険──被保険者と保険会社　176
66 被保険者の期待効用最大化問題──完全保険　178

第10章　ゲーム理論——プレイヤー間の関係と戦略　181

- 67　ゲームの4つの基本要素　182
- 68　ナッシュ均衡——純粋戦略　184
- 69　ナッシュ均衡——混合戦略　186
- 70　ゲームの3つのパターン
　　　——囚人のジレンマ，チキン・ゲーム，男と女のバトル　190
- 71　ミニマックス原理——"不幸中の幸い"によるミニマックス均衡　192
- 72　ミニマックス均衡——混合戦略　194
- 73　繰り返しゲーム
　　　——有限回の繰り返しゲーム vs. 無限回の繰り返しゲーム　198
- 74　ゲームの木とバックワード・インダクション
　　　——完備・完全情報ゲーム　202

第11章　情報の経済学——情報の非対称性　205

- 75　情報の事前的非対称性と逆選択　206
- 76　情報の事後的非対称性とモラル・ハザード　210

付録　ミクロ経済学のための数学・統計学　211

- 77　微分——1変数の「限界」　212
- 78　偏微分と全微分——2変数の「限界」と「限界代替率」　214
- 79　期待値と分散・標準偏差——不確実性の世界　218

索　引　221

目次

【知っておきましょう】一覧

序章 効率性 3／関数：精算関数と効用関数 3／市場経済と計画経済 5／ミクロ経済学の応用 7／第1章 基数的効用と序数的効用 14／1財の効用関数を数式で表す 15／効用関数の2つの性質 15／1財の効用関数と限界効用を数式で表す 16／効用関数の2つの性質を数式で表す 17／2財の効用関数と限界効用を数式で表す 18／限界代替率を数式で表す 19／限界代替率を図示する 21／限界代替率逓減の法則 21／予算線と予算集合 23／加重限界効用均等の法則 25／効用最大化条件を数式で表す 25／予算最小化条件を数式で表す 27／上級財と下級財 34／普通の需要関数と「補償需要関数」 37／普通の需要曲線の傾き：正常財とギッフェン財 37／貨幣賃金率の上昇の労働供給への影響 41／利子率上昇の貯蓄への影響 41／第2章 等産出量曲線と生産可能性曲線 43／生産可能性曲線：1つの生産要素，2つの生産物 43／限界変形率：1つの生産要素，2つの生産物 43／消費者の効用関数と生産者の生産関数 49／産出量最大化と費用最小化 51／長期費用関数（LTC） 52／短期費用関数（STC） 53／逆S字型の総費用曲線 55／平均費用曲線（AC）と限界費用曲線（MC） 56／利潤最大化の1階の条件と2階の条件 61／損益分岐点と操業停止点 63／総費用曲線からの平均費用曲線・限界費用曲線の導出 66／生産者の長期均衡点 67／第3章 m人の消費者からなる市場需要曲線 71／n人の生産者からなる市場供給曲線 73／需要の所得弾力性による財の分類 74／市場均衡分析の課題 80／経済財，非経済財，自由財 80／非模索過程 82／マーシャルの数量調整メカニズムと均衡安定条件 85／需要曲線シフトパラメータ(a)と供給曲線シフトパラメータ(b) 87／比較静学と動学 88／動学と「蜘蛛の巣モデル」 88／第4章 k次同次関数 93／ニュメレール（基準財） 93／均衡式と恒等式 94／（第1財の超過需要額）＋（第2財の超過需要額）≡0 95／ワルラスの法則：純粋交換経済と生産経済 95／方程式の数と未知数の数 97／第5章 経済の"望ましさ"：効率性と公平性 99／余剰 103／課税政策 107／第6章 純粋交換経済下のパレート最適条件 115／生産可能性曲線：生産要素空間から財空間へ 118／生産経済下のパレート最適条件 119／完全競争市場均衡 121／取引オファー曲線（価格消費曲線） 123／第7章 市場形態の決定要因：独占を生み出す原因 127／双方独占 127／部分独占と「残余需要曲線」 129／収入の変化（dR）をもたらす2つの要因 131／需要の価格弾力性（ε_D）と$\left(\dfrac{dp}{dy}\right) \times y + P$ 131／残余需要曲線 133／価格差別化：2つの市場のケース 139／独占利潤 141／ベルトランの複占モデル 145／供給の価格弾力性（ε_s）と$\left(\dfrac{dw}{dL}\right) \times L + w$ 151／供給の価格弾力性（ε_s）と不完全競争市場：「ラーナーの独占度」 152／第8章 平均費用逓減による「市場の失敗」の補正 155／コースの定理 157／外部性による「市場の失敗」の補正 159／公共財供給の価格調整メカニズム：リンダール・メカニズム 163／第9章 投資家のリスク回避係数 169／期待値と期待効用 169／絶対的リスク回避度と相対的リスク回避度 171／第10章 プレイヤー間の関係 183／「自然」というプレイヤー 183／同時手番と逐次手番 183／支配戦略 185／協力ゲームと非協力ゲーム 190／協調戦略と裏切り戦略 191／チキン・ゲー

ムにおける戦略的操作　191／2人ゼロ和ゲーム　193／トリガー戦略　201／ゲームの木と「自然」　203／**第11章**　委任者（principal）・代理人（agent）と委任者の厚生　205／保険料の引き上げ　209／逆選択の発生を防止する方策：自己選択メカニズム　209／モラル・ハザード防止対策　210／**付録**　原始関数 $y=f(x)$ の導関数の表示方法　213／全微分の4つの法則　217／期待値（平均値），分散および共分散の演算の公式　219

序章

ミクロ経済学を学ぼう

「日本は資源が乏しい国である」「日本人は倹約好きの国民である」と言われ，いたるところで節約が励行されています。企業（生産者）は工場労働者をロボットで代替したり（生産要素配分問題），省エネルギー技術の開発に熱心であったりします（生産技術選択問題）。また，親が子供（消費者）に小遣いをあげるときに「無駄使いしないように」と言うことが日常です（生産物配分問題）。

　生産者・消費者が直面している上記の例示のような資源（稀少な生産要素や有限の生産物）配分問題や生産技術選択問題がミクロ経済学が取り組む基本問題であり，それは一言でいえば「効率性」の問題，より平たく言えば「無駄の排除」の問題です。

① なぜミクロ経済学を学ぶのか——合理的選択の理論

「小遣いを無駄使いしないように」という親の子供に対する消費者教育は，消費者は一方で「あれも欲しい，これも欲しい」というほぼ無限の欲望をもち，他方で欲望を満たすための有限の小遣いしかもっていないので，小遣いで無駄なく，効率的にモノを買いなさいという合理的選択理論の教育です。もし「何も欲しくない」「莫大な金額の小遣いがある」のいずれかであれば合理的選択理論を学ぶ必要はないのですが，「あれも欲しい，これも欲しい」「少額の小遣いしかない」ということになれば，合理的選択理論としてのミクロ経済学を学ぶ必要が生じます。

生産者・消費者が直面している問題は小別次の3つに整理できます。ミクロ経済学を学ぶ理由は，資源配分と生産技術の合理的選択を行いたいからです。

(1) 資源配分問題

① 生産要素配分問題

生産者は，与えられた生産技術のもとで，生産要素を投入して，生産物を産出します。1つの生産物を作るのに，どんな生産要素をどれだけ配分すればよいのか？あるいは1つの生産要素を配分して，どんな生産物をどれだけ作ればよいのか？

② 生産物配分問題

消費者は，与えられた嗜好のもとで，生産物を購入して，効用（満足）を充足します。どんな生産物をどれだけ買えばよいのか？

(2) 生産技術の合理的選択問題

生産者はいくつかの技術の中から最適なもの，すなわち1つの生産物を作るのに，できる限り少ない量の生産要素で済む生産技術，あるいは1つの生産要素で，できる限り多くの生産物を作れる生産技術を合理的に選択します。

図1-1 生産者・消費者が直面している合理的選択問題

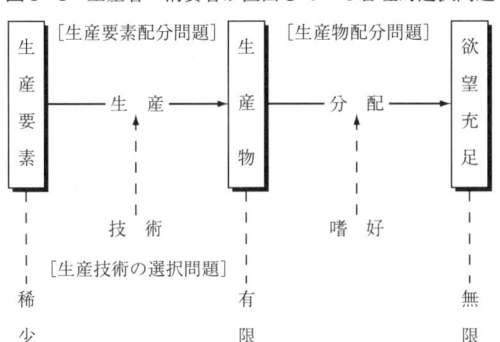

【知っておきましょう】 効率性

「日本は資源が乏しい国である」「日本人は倹約好きの国民である」と言われ，いたるところで節約が励行されています。企業（生産者）は工場労働者をロボットで代替したり（生産要素配分問題），省エネルギー技術の開発に熱心であったりします（生産技術選択問題）。また，親が子供（消費者）に小遣いをあげるときに「無駄使いしないように」と言うことが日常です（生産物配分問題）。生産者・消費者が直面している上記の例示のような資源（稀少な生産要素や有限の生産物）配分問題や生産技術選択問題がミクロ経済学が取り組む基本問題であり，それは一言でいえば「効率性」の問題，より平たく言えば「無駄の排除」の問題です。

【知っておきましょう】 関数：生産関数と効用関数

数学の概念では，関数と関係は区別されますが，おおまかに言えば関数と関係は同じであり，生産関数は生産物と生産要素の関係，効用関数は効用と生産物の関係をそれぞれ表しています。

❷ 何をミクロ経済学で学ぶのか──神の見えざる手

生産者・消費者は，以下の基本問題に直面しています。
① 資源配分問題，生産要素配分問題，生産物配分問題
② 生産技術選択問題

　人類はこれらを解決する方法として「市場システム（価格メカニズム）」という仕組みを作り上げていますが，上記の問題をどのように，そしてどの程度，解決しているのでしょうか。経済学の父と言われている A. スミスは，各人がそれぞれ利己的に行動していても，市場システムは社会的に望ましい状態を実現すると論じ，このような機能を「神の見えざる手」と呼んでいます。

　ミクロ経済学で取り組む中心的課題は完全競争市場の価格メカニズムであり，それは「神の見えざる手のなせる業（＝価格のなせる機能）」と呼ばれているものです。完全競争市場は「価格」の次の 3 つの機能を通して，資源配分問題や生産技術選択問題を解いています。

(ⅰ) 価格の誘因提供機能

　消費者・生産者は価格を誘因として，行動を決定します。消費者（需要者）はこの価格であれば，生産物をいくら需要するかを決めます。生産者（供給者）はこの価格であれば，生産物をいくら供給するかを決めます。

(ⅱ) 価格の情報提供機能

　価格が下がっている状況は売り圧力が強いこと（超過供給），逆に価格が上がっている状況は買い圧力が強いこと（超過需要）をそれぞれ示しています。価格が変わらない状況は市場の需給が均衡していることを示しています。

(ⅲ) 価格の需給調整機能

　価格が下がれば，買いが増え，売りが減り，超過供給は解消します。また，価格が上がれば，買いが減り，売りが増え，超過需要は解消します。

図 2-1　価格の 3 つの機能

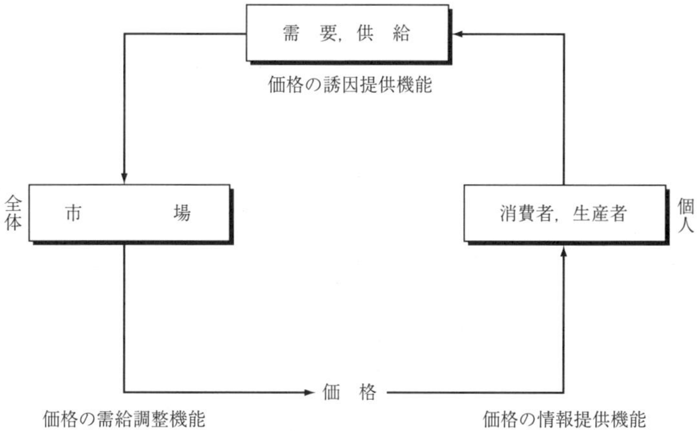

```
        ┌──────── 需 要, 供 給 ────────┐
        │        価格の誘因提供機能         │
        ↓                              │
 全体 ┌─市　　場─┐              ┌─消費者, 生産者─┐ 個人
      └─────────┘              └──────────────┘
        │                              ↑
        └──────── 価　格 ─────────────┘
  価格の需給調整機能              価格の情報提供機能
```

―【知っておきましょう】　市場経済と計画経済――――

　社会はいつの時代でも，またどのような経済体制（市場経済，計画経済）をとっていようと，資源配分問題や生産技術選択問題を解決しなければなりません。

表 2-1　市場経済・計画経済の特徴

	市　場　経　済	計　画　経　済
手　　段	価　　格	命　　令
経済主体の行動	自　発　的	強　制　的
動　　機	利　　己	全体の利益
決定メカニズム	分　　権	集　　権

3 どのようにミクロ経済学を学ぶのか——ミクロ経済学の全体構造

第1部　消費者・生産者の選択行動

　「消費者の選択行動」理論と「生産者の選択行動」理論はミクロ経済学の基礎中の基礎なので，しっかりと学ばなければなりません。幸いにも，両理論の論理構造は似ているので，一方をしっかりと学習すれば，もう一方を理解しやすいでしょう。ここでは完全競争市場下の選択行動を取り上げているので，消費者・生産者は価格受容者（プライステーカー）です。価格を所与として，1人の消費者は生産物需要を，1人の生産者は生産物供給をそれぞれ決定します。価格が変化すれば，需要・供給も変わるので，このことから1人の消費者の個別需要曲線，1人の生産者の個別供給曲線を得ることができます。

第2部　多数の消費者の需要と多数の生産者の供給——需給均衡

　多数の消費者から市場需要曲線，多数の生産者から市場供給曲線を得られます。両方を図示し，市場均衡（需給均衡）を得られます。1つだけの市場を取り上げれば部分均衡，2つ以上の市場を同時に取り上げれば一般均衡です。

第3部　市場の望ましい状態：実証的経済学 vs. 規範的経済学

　第1，2部は「実証的経済学」と呼ばれ，あるがままの経済を問題にします。「規範的経済学」はあるべき経済（望ましい経済）を問題にし，経済の"望ましさ"を，1つだけの市場を取り上げるときには「余剰」概念で，2つ以上の市場を同時に取り上げるときには「パレート最適」概念で判断しています。

第4部　市場は"望ましい状態"を達成できるのか

　消費者・生産者が価格設定者（プライスセッター）として行動できるときは，市場は「不完全競争市場」と呼ばれ，不完全競争市場は"望ましい経済"を達成できません。では，完全競争市場はつねに"望ましい経済"を達成できるかといえば，そうではなく，ある前提条件が満たされないと，完全競争市場は"望ましい経済"の実現に失敗し，このことは「市場の失敗」と呼ばれています。

図 3-1　ミクロ経済学の全体構造

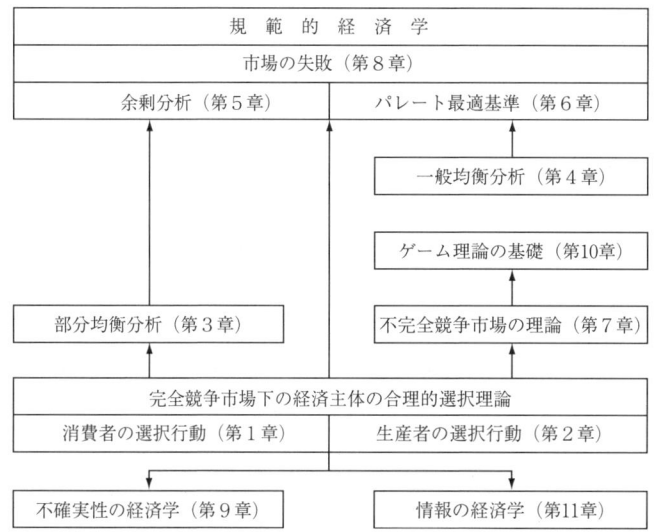

【知っておきましょう】　ミクロ経済学の応用

第9章　不確実性下の選択――確率の世界

　現実の世界は不確実なことばかりです。株価が上がるか，下がるか不確実な中で，株式と預金の二者択一を迫られることがあります。株価が上がる確率50パーセント，下がる確率50パーセントなどとして，不確実性下の合理的選択を学びます。

第10章　ゲーム理論――プレイヤー間の関係と戦略

　経済学の父と言われるA.スミスの経済学の世界では一人ひとりが周りの人のことをまったく考えずに行動しています。しかし，現実の世界では，各人は周りの人の行動を気にしながら行動しています。各人は周りの人に作用し，周りの人から反作用を受けます。複数の経済主体間の作用・反作用を考慮した意思決定を学びます。

第11章　情報の経済学――情報の非対称性

　完全競争市場では，市場参加者のすべてが同じ情報を共有しています。しかし，現実の世界では「知っている人」と「知らない人」が共存しています。情報を「知っている」「知らない」といった非対称情報下の行動を学びます。

第1部　消費者・生産者の選択行動
第1章　消費者の選択行動——1人の消費者の需要

　消費者の行動基準は「効用最大化原理」であり，それは「消費者は自分の満足を高めるように行動する」というものです。自分の満足を高めるためには，あれもこれも買えばよいのですが，買うためにはお金が必要であり，持っているお金が有限であればこそ，消費者は合理的選択を行わなければなりません。2財（例えば肉と野菜）の合理的選択を行おうとしている消費者は一方で「嗜好→効用関数」「嗜好→選好関係→無差別曲線」といった主観的な要素，他方で2財の価格と予算に依存している「予算線」という客観的な要素に直面し，2財の最適消費（効用最大化消費あるいは予算最小化消費）を決定します。2財の価格や予算の変化が嗜好に影響を及ぼすことはありません。

どのように消費者の選択行動を学ぶのか ——消費者行動理論の全体構造

「消費者の選択行動」理論はミクロ経済学の基礎中の基礎なので，しっかりと学びましょう。本章では完全競争市場下，つまり，いくら買おうが，買うまいが，消費者は現行価格を単独で上下させることできない下での選択行動を取り上げているので，消費者は価格を所与として行動します。

⑤　効用は無限——1財の消費と効用関数

無限の欲望（嗜好）を持つのが消費者であり，「効用関数」は財の消費量と効用（満足感）の関係を示しています。

⑥　効用は無限——限界効用

「限界」は追加的という意味です。つまり，限界効用は微少量追加的に消費したときの，効用の追加的増大の大きさです。経済問題の意思決定では「限界」概念がきわめて重要です。

⑦　効用は無限——2財の消費と効用関数

2財（例えば，肉と野菜）を一緒に消費するときの効用関数は，2財の消費量と，2財の消費から生じる効用（満足感）との関係を示しています。

⑧　効用は無限——選好関係と無数の無差別曲線

2財の消費量と効用（満足感）の関係は3次元の図になりますが，これを2次元の平面に表したものが「無差別曲線」です。あるいは，嗜好は「選好関係」と呼ばれ，選好関係を図示したものが「無差別曲線」です。

⑨　予算は有限——1本の予算線

有限の予算（所得）を持っているのが消費者であり，有限の予算で，2財のどのような組み合わせを消費できるかを示した図が「予算線」です。

⑩　効用の最大化問題——無数の無差別曲線と1本の予算線

ある一定の予算のもとで，2財のどのような組み合わせを購入すれば効用が最大になるかを問題にしています。消費者は1本の予算線を制約として，無数の無差別曲線の中からより高位（最大効用）のものを選びます。

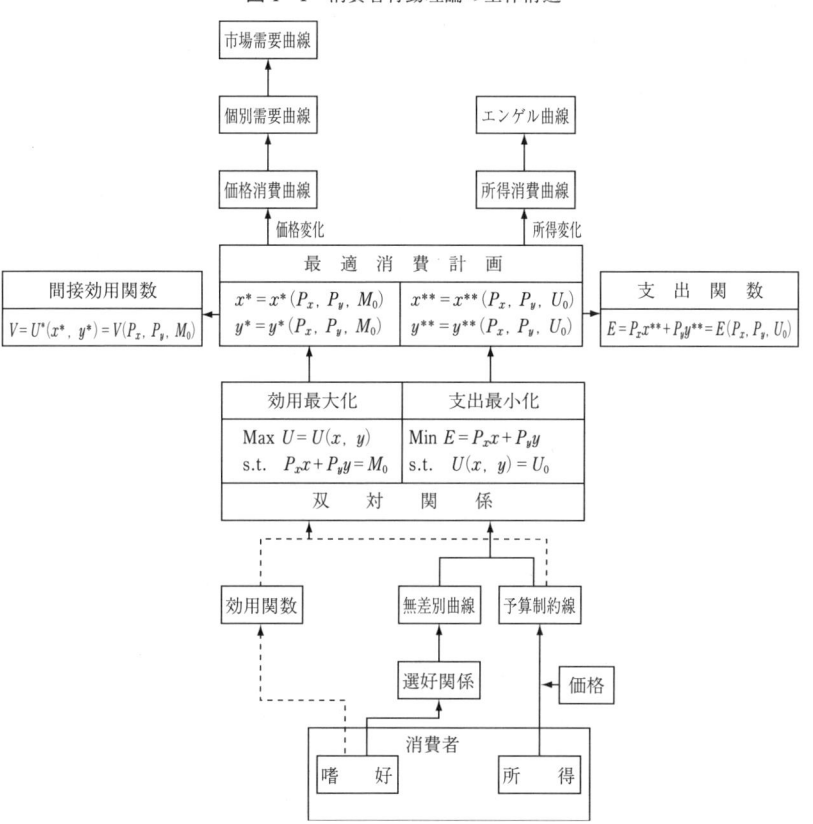

第1章 消費者の選択行動──1人の消費者の需要

図4-1 消費者行動理論の全体構造

```
                        市場需要曲線
                            ↑
                        個別需要曲線          エンゲル曲線
                            ↑                    ↑
                        価格消費曲線          所得消費曲線
                         価格変化              所得変化
        間接効用関数    最 適 消 費 計 画              支 出 関 数
  V=U*(x*, y*)=V(Px,Py,M0)  x*=x*(Px,Py,M0)  x**=x**(Px,Py,U0)  E=Px x**+Py y**=E(Px,Py,U0)
                           y*=y*(Px,Py,M0)  y**=y**(Px,Py,U0)

                        効用最大化         支出最小化
                        Max U=U(x,y)     Min E=Px x+Py y
                        s.t. Px x+Py y=M0 s.t. U(x,y)=U0
                        双   対   関   係

              効用関数    無差別曲線    予算制約線
                            ↑            ↑
                          選好関係  ←   価格
                            ↑
                          消費者
                        嗜 好    所 得
```

⓫ 予算の最小化問題——1本の無差別曲線と無数の予算線

ある一定の効用を得るのに，2財のどのような組み合わせを購入すれば予算が最小になるかを問題にしています。消費者は1本の無差別曲線を制約として，無数の予算線の中からより低位（最小予算）のものを選びます。

⓬ 価格変化と効用最大化問題——価格消費曲線と個別需要曲線

効用の最大化を達成する2財の最適な組み合わせ（消費者の主体的均衡）は，ある所与の価格と一定の予算のもとでの話です。価格が変化すれば2財の最適な組み合わせは変わりますが，これを図示したものが「価格消費曲線」です。2財のうちの1財の価格が変化したときに，その財の最適消費量がどのように変わるかを図示したものが「個別需要曲線」です。

⓭ 予算変化と効用最大化問題——所得消費曲線とエンゲル曲線

同様に，予算（所得）が変化すれば2財の最適な組み合わせは変わりますが，これを図示したものが「所得消費曲線」です。予算（所得）が変化したときに，2財のうちの1財の最適消費量がどのように変わるかを図示したものが「エンゲル曲線」です。

⓮ 価格変化の影響のスルツキー分解——代替効果と所得効果

効用の最大化を達成する2財の最適な組み合わせ（消費者の主体的均衡）は，ある所与の価格と一定の予算のもとでの話であり，価格が変化すれば2財の最適な組み合わせは変わります。価格変化の，2財のうちの1財の最適消費量への影響を「代替効果」と「所得効果」に分解することを「スルツキー分解」と呼びます。

⓯ 消費者行動理論の応用——労働供給と貯蓄

効用最大化問題の基本形は，ある一定の予算のもとで，2財のどのような組み合わせを購入すれば効用が最大になるかを問題にしています。消費者行動理論の応用問題としての「労働供給」は肉と野菜ではなく，余暇（＝24時間－労働供給）と財を取り上げています。また，「貯蓄」は現在の肉と野菜ではなく，現在の肉（消費）と将来の肉（貯蓄）を取り上げています。

第 1 章　消費者の選択行動——1 人の消費者の需要

図 4 - 2　効用最大化

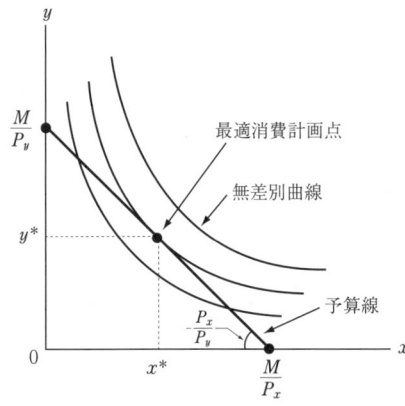

図 4 - 3　支出最小化

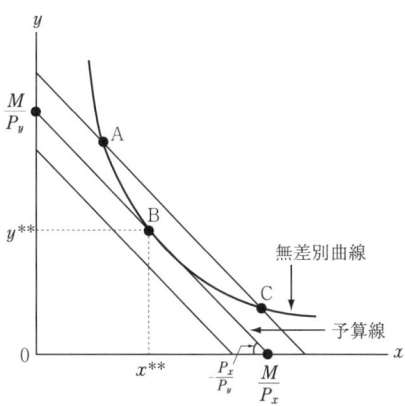

図 4 - 4　価格変化と効用最大化問題
　　　　——価格消費曲線と個別需要曲線

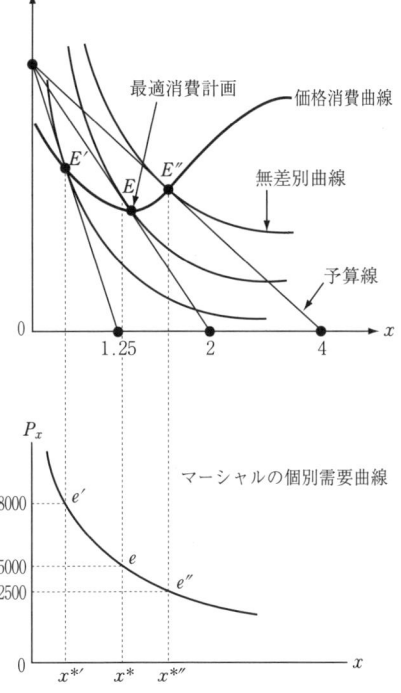

図 4 - 5　予算変化と効用最大化問題
　　　　——所得消費曲線とエンゲル曲線（上級財）

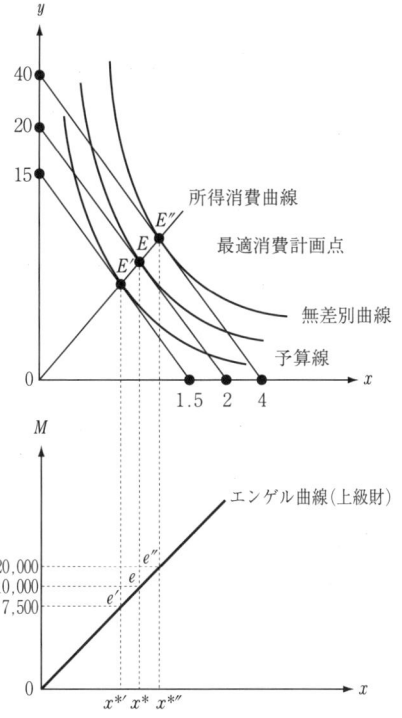

第1部 消費者・生産者の選択行動

⑤ 効用は無限——1財の消費と効用関数

　消費者行動理論の対象になる消費者は，無限の「嗜好（欲望）」と有限の「所得（予算）」を持っている人です。

　「嗜好」は何が好きで何が嫌いかという好みのことですが，嗜好から効用関数が導かれます。ここでいう関数とは複数の事象のあいだの関係のようなもので，1財だけを消費するときの効用関数は，その財の消費量と，その財の消費から生じる効用（満足感）との関係を示しています。例えば，効用は，その財を1個消費すれば20，2個消費すれば30，3個消費すれば35などです。効用の増え方が徐々に減っていく理由については，次の節で詳しく説明します。

【知っておきましょう】　基数的効用と序数的効用

　効用の水準をいま 20, 30, 35 とします。20＋30＝50（20と30の合計は50），20×1.5＝30（20の1.5倍は30）と計算できるとき，効用は「基数的効用」と呼ばれます。30は20の1.5倍などと言うことはできず，たんに30は20より大きいとしか言えないとき，効用は「序数的効用」と呼ばれます。

第1章 消費者の選択行動──1人の消費者の需要

図5-1　1財の消費と効用関数

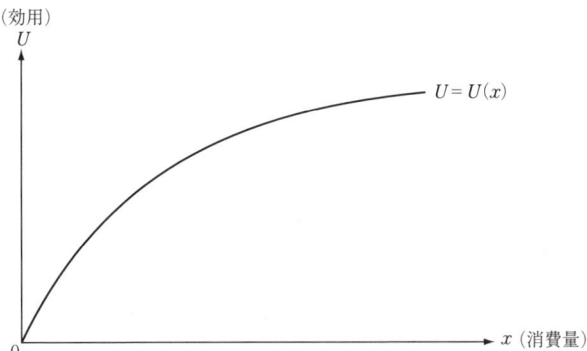

【知っておきましょう】　1財の効用関数を数式で表す

1財の「財」は財貨・サービスのことであり，財には経済財，非経済財，自由財など（☞pp. 80-81）があります。肉，野菜は経済財の例示ですが，肉・野菜の消費からの満足は「効用（utility）」と呼ばれ，頭文字をとって「U＝効用」とします。x＝肉の消費量，y＝野菜の消費量，U＝効用とします。1財の効用関数は次のように表されます。

X財の効用関数：$U=U(x)$
Y財の効用関数：$U=U(y)$

【知っておきましょう】　効用関数の2つの性質
① 効用曲線は右上がり：非飽和性
　消費量を増やせば必ず効用は増大します。
② 効用曲線は上に凸：限界効用逓減の法則
　消費量を増やせば必ず効用は増大しますが，効用の平均的増大分は消費量を増やせば増やすほど小さくなります。

第1部 消費者・生産者の選択行動

⑥ 効用は無限——限界効用

「限界」は追加的という意味です。つまり，限界効用は「さらにもう1個（正しくは「微少量」）追加的に消費したときの，効用の追加的増大の大きさ」です。数値例として，効用が，その財を1個消費すれば20，2個消費すれば30，3個消費すれば35などとしましょう。現在まだ何ら消費していないときは，1個消費したときの，効用増大の大きさは20であり，限界効用は20です。現在すでに1個消費していて，さらにもう1個追加的に消費したときの，効用増大の大きさは10（＝30－20）であり，限界効用は10です。現在すでに2個消費していて，さらにもう1個追加的に消費したときの，効用増大の大きさは5（＝35－30）であり，限界効用は5です（限界効用はプラス）。1個，2個，3個と消費すればするほど，限界効用は20，10，5とだんだん小さくなります（限界効用は逓減）。というのは，消費すればするほど，消費からの満足感はだんだん逓減するからです。例えて言えば，空腹時の肉はおいしいですが，肉を食べ過ぎるとだんだんおいしくなくなるからです。

【知っておきましょう】　1財の効用関数と限界効用を数式で表す

x＝肉の消費量，y＝野菜の消費量，U＝効用とします。1財の効用関数は，

$$U = U(x)$$
$$U = U(y)$$

であり，各財の限界効用（MU: Marginal Utility）は，

$$MU_x = \frac{dU}{dx} = U'(x)$$
$$MU_y = \frac{dU}{dy} = U'(y)$$

です。$\frac{dU}{dx}, \frac{dU}{dy}$ は1階の微分と呼ばれています。$\frac{dU}{dx}$ は「U を x について微分する」，$\frac{dU}{dy}$ は「U を y について微分する」をそれぞれ意味し，その経済学的意味はそれぞれ「肉を微少量追加的に食べれば，効用はいくら増加するか」「野菜を微少量追加的に食べれば，効用はいくら増加するか」です。

第 1 章　消費者の選択行動──1 人の消費者の需要

図 6-1　限界効用

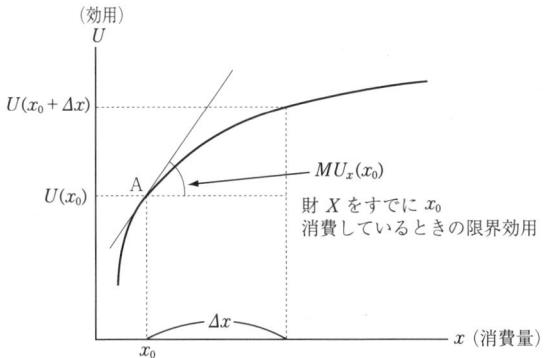

消費量 x_0 の限界効用（x_0 からさらに微少量消費したときの効用の増加分）は A 点における接線の傾きです。

$$MU(x_0) = \lim_{\Delta x \to 0} \frac{U(x_0 + \Delta x) - U(x_0)}{\Delta x}$$

図 6-2　限界効用逓減の法則

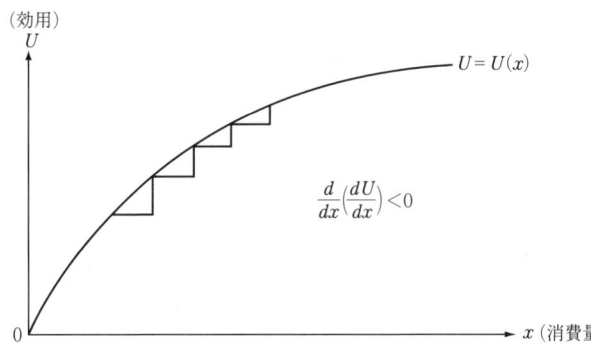

財の消費量が増えるにつれて接線の傾きが小さくなります。

―― 【知っておきましょう】　効用関数の 2 つの性質を数式で表す ――

① 非飽和性：$\dfrac{dU}{dx} > 0$

　限界効用はプラスです。

② 限界効用逓減の法則：$\dfrac{d^2U}{dx^2} = \dfrac{d}{dx}\left(\dfrac{dU}{dx}\right) < 0$

　限界効用は財の消費量の増加にともなってだんだん小さくなります。$\dfrac{d^2U}{dx^2}$ は「1 階の微分 $\dfrac{dU}{dx}$ をもう 1 階微分する」つまり「U を x について 2 階微分する」ことを意味しています。

第1部 消費者・生産者の選択行動

7 効用は無限──2財の消費と効用関数

　2財（例えば，肉と野菜）を一緒に消費するときの効用関数は，2財の消費量と，2財の消費から生じる効用（満足感）との関係を示しています。例えば，次の数値例を考えましょう。

肉の消費量	野菜（白菜）の消費量	効　用
2 kg	0 玉	200
1 kg	10 玉	300
0 kg	20 玉	200

　上の表は肉ばかり，野菜ばかり食べれば効用は200にすぎないが，肉と野菜の両方を食べれば効用が300になることを示しています。みなさんのいる部屋の床面の南辺に肉の消費量，西辺に野菜の消費量，南辺と西辺の交わる点からの天井への柱に効用をとれば，2財（肉と野菜）の効用関数の図（効用曲面）をイメージできるでしょう。イメージとして，みなさんのいる部屋の位置が肉何kg，野菜何玉の消費にあたり，それらの消費からの効用がみなさんの身長と考えればよいでしょう。

【知っておきましょう】　2財の効用関数と限界効用を数式で表す

　$x=$肉の消費量，$y=$野菜の消費量，$U=$効用とします。2財の効用関数は，

$$U = U(x,y)$$

であり，各財の限界効用（MU：Marginal Utility）は，

$$MU_x = \frac{\partial U}{\partial x}$$

$$MU_y = \frac{\partial U}{\partial y}$$

です。$\frac{\partial U}{\partial x}, \frac{\partial U}{\partial y}$ は1階の偏微分と呼ばれています。$\frac{\partial U}{\partial x}$ は「Uをxについて偏微分する」，$\frac{\partial U}{\partial y}$ は「Uをyについて偏微分する」をそれぞれ意味し，その経済学的意味はそれぞれ「野菜の消費量は不変のままで，肉を微少量追加的に食べれば，効用はいくら増加するか」「肉の消費量は不変のままで，野菜を微少量追加的に食べれば，効用はいくら増加するか」です。

第1章 消費者の選択行動──1人の消費者の需要

図7-1　2財の消費と効用関数

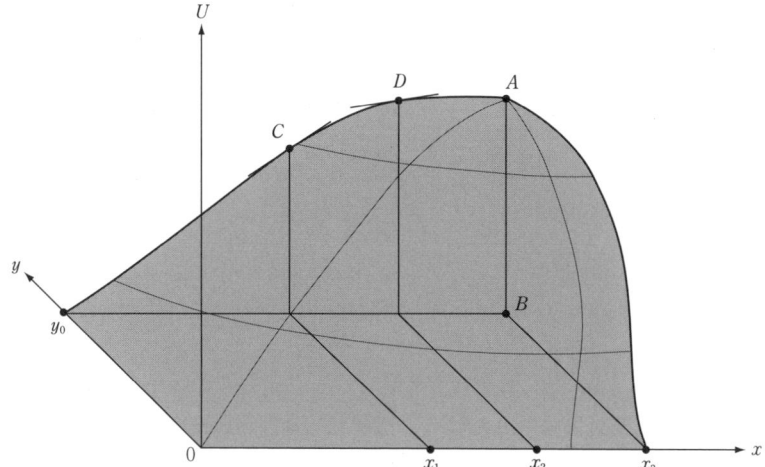

【知っておきましょう】　限界代替率を数式で表す

x＝肉の消費量，y＝野菜の消費量，U＝効用とします。2財 X, Y の限界代替率（**MRSxy**：Marginal Rate of Substitution）は，

$$MRSxy = \lim_{\Delta x \to 0} \left(-\frac{\Delta y}{\Delta x} \right) = \frac{MU_x}{MU_y}$$

です。「代替」は「代わりになる」という意味であり，肉と野菜の「限界代替率」は肉が野菜の，野菜が肉のそれぞれどの程度の代わりになるかを示す指標です。2財（肉と野菜）の限界代替率は「野菜の消費量を減らしたときに，現行の効用水準を維持しようと思えば，肉の消費量をいくら増やさなければならないか」，あるいは逆に「肉の消費量を減らしたときに，現行の効用水準を維持しようと思えば，野菜の消費量をいくら増やさなければならないか」を示しています。

8 効用は無限——選好関係と無数の無差別曲線

　2財の消費量と効用の関係は3次元の図になりますが，これを2次元の平面に表したものが「無差別曲線」です。あるいは，嗜好（財の組み合わせの好き嫌い）を「選好関係」と呼び，これを図示したものが「無差別曲線」です。

(1) 選好関係
　「あの組み合わせはこの組み合わせよりも好き」「この組み合わせはあの組み合わせよりも好き」「あの組み合わせはこの組み合わせと同じくらい好き」といった嗜好は「選好関係」と呼ばれ，消費者行動理論においては，選好関係は，次の4つの性質をもっているものと仮定されています。
　① 完全性：消費者は2財のあらゆる組み合わせから明確に好き嫌いの比較ができます。
　② 推移性：消費者が「AはBよりも好き」「BはCよりも好き」と判断するならば，AはCよりも好きでなければなりません。
　③ 単調性：財の量は多ければ多いほど好ましい。
　④ 凸性（厳密には強凸性）：2財の極端な組み合わせ（肉だけ，あるいは野菜だけ）よりは2財のバランスのとれた組み合わせ（肉と野菜の組み合わせ）を好きでなければなりません。

(2) 無差別曲線
　選好関係を図示したものが「無差別曲線」であり，消費者の欲望は無限であるので，無差別曲線は無数の無差別曲線群として図示されます。4つの性質をもった選好関係から，次の4つの性質をもった無差別曲線を図示できます。
① 厚さをもたない，② 右下がり，③ 交わらない，④ 原点に対して厳密に凸。

第1章 消費者の選択行動──1人の消費者の需要

図 8-1 無差別曲線

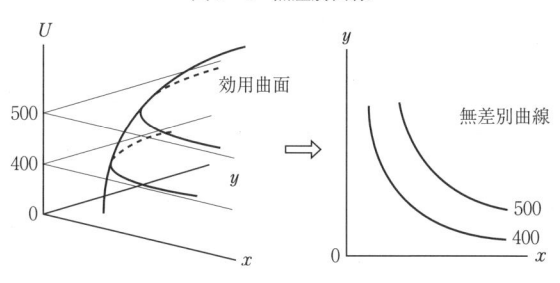

2財の効用関数（効用曲面）を柱のそれぞれの高さで，床面に平行な平面で切ったときの切り口を天井から眺めたら，「無差別曲線」が平面に描かれています。

──【知っておきましょう】 限界代替率を図示する──

図 8-2 限界代替率

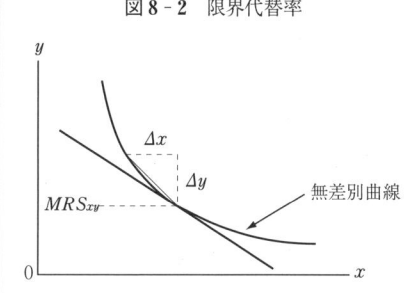

「限界代替率」は無差別曲線の接線の傾きの絶対値です。

──【知っておきましょう】 限界代替率逓減の法則──

2財（肉と野菜）の限界代替率は「野菜の消費量を減らしたときに，現行の効用水準を維持しようと思えば，肉の消費量をいくら増やさなければならないか」，つまり肉が野菜のどの程度の代わりになるかを示す指標を示しています。下図のA点（野菜の現行の消費量が多く，肉の現行の消費量が少ない組み合わせ）を取り上げましょう。A点では，野菜の現行の消費量が多いので，野菜を相当減らしても効用は少ししか低下しません。逆に，肉の現行の消費量が少ないので，肉を少しだけ増やしても効用は大きく増大します。野菜の消費量を大きく減らしても，肉を少しだけ増やせば，現行の効用水準を維持できます（限界代替率が大きい）。しかし，B点（逆に野菜の現行の消費量が少なく，肉の現行の消費量が多い組み合わせ）を取り上げて，同様のことを考えると，今度は，野菜の消費量を少し減らすと，肉を多く増やさなければ，現行の効用水準を維持できません（限界代替率が小さい）。つまり，限界代替率は横軸の数量（肉の消費量）が増えればふえるほどだんだん小さくなります。

図 8-3 限界代替率逓減の法則

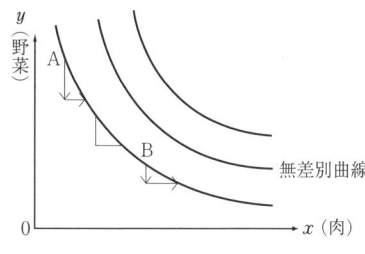

第1部 消費者・生産者の選択行動

⑨ 予算は有限──1本の予算線

　有限の予算（所得）で，2財のどのような組み合わせを消費できるかを示した図が「予算線」であり，2財の価格と予算が与えられれば，2財の消費可能量の範囲が「予算制約」されるのです。2財として肉と野菜を取り上げ，肉1 kg＝5,000円，野菜（白菜）1玉＝500円，予算（所得）＝10,000円としましょう。

　変化前の予算線は次のように定式化されます（図9-1）。

$$\text{肉}\ x\,\text{kg} \times 5{,}000\text{円} + \text{野菜}\ y\,\text{玉} \times 500\text{円} = 10{,}000\text{円}$$

横軸切片：肉2 kg×5,000円＝10,000円

肉ばかりを買えば2 kg買えます。

縦軸切片：野菜20玉×500円＝10,000円

野菜ばかりを買えば20玉買えます。

以下の3つのケースで予算線がどのように変化するのかを見ます。

① **肉1 kgが5,000円から10,000円に上昇したとき**（図9-2）

$$\text{肉}\ x\,\text{kg} \times 10{,}000\text{円} + \text{野菜}\ y\,\text{玉} \times 500\text{円} = 10{,}000\text{円}$$

横軸切片：肉1 kg×10,000円＝10,000円

肉ばかりを買えば1 kg買えます。

② **野菜1玉が500円から250円に下落したとき**（図9-3）

$$\text{肉}\ x\,\text{kg} \times 5{,}000\text{円} + \text{野菜}\ y\,\text{玉} \times 250\text{円} = 10{,}000\text{円}$$

縦軸切片：野菜40玉×250円＝10,000円

野菜ばかりを買えば40玉買えます。

③ **予算（所得）が10,000円から20,000円に増大したとき**（図9-4）

$$\text{肉}\ x\,\text{kg} \times 5{,}000\text{円} + \text{野菜}\ y\,\text{玉} \times 500\text{円} = 20{,}000\text{円}$$

横軸切片：肉4 kg×5,000円＝20,000円

肉ばかりを買えば4 kg買えます。

縦軸切片：野菜40玉×500円＝20,000円

野菜ばかりを買えば40玉買えます。

第1章　消費者の選択行動──1人の消費者の需要

図9-1　予算線（肉1kg＝5,000円，野菜1玉＝500円，予算＝10,000円）

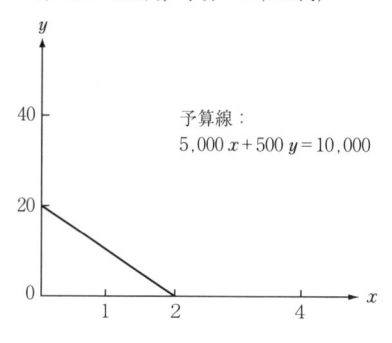

予算線：
$5{,}000\,x + 500\,y = 10{,}000$

図9-2　肉1kgが5,000円から10,000円に上昇したとき（肉1kg＝10,000円，野菜1玉＝500円，予算＝10,000円）

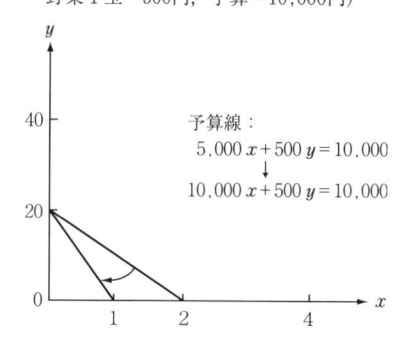

予算線：
$5{,}000\,x + 500\,y = 10{,}000$
↓
$10{,}000\,x + 500\,y = 10{,}000$

図9-3　野菜1玉が500円から250円に下落したとき（肉1kg＝5,000円，野菜1玉＝250円，予算＝10,000円）

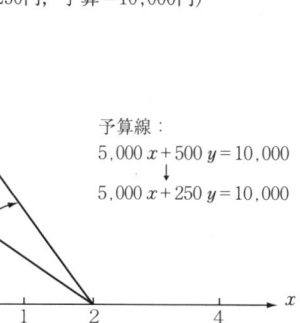

予算線：
$5{,}000\,x + 500\,y = 10{,}000$
↓
$5{,}000\,x + 250\,y = 10{,}000$

図9-4　予算が10,000円から20,000円に増大したとき（肉1kg＝5,000円，野菜1玉＝500円，予算＝20,000円）

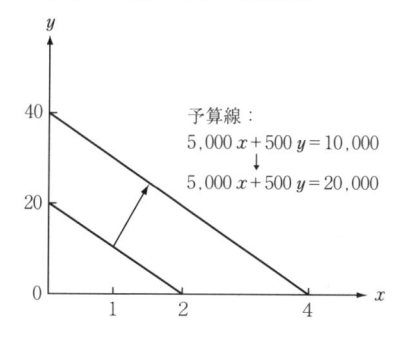

予算線：
$5{,}000\,x + 500\,y = 10{,}000$
↓
$5{,}000\,x + 500\,y = 20{,}000$

───【知っておきましょう】　予算線と予算集合───

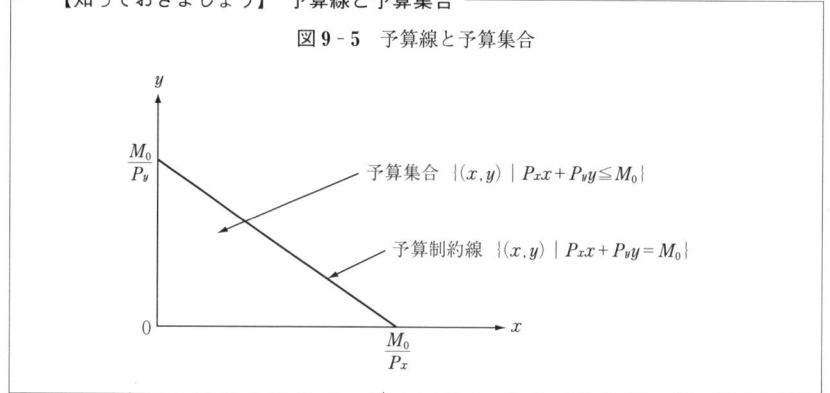

図9-5　予算線と予算集合

予算集合　$\{(x,y) \mid P_x x + P_y y \leq M_0\}$

予算制約線　$\{(x,y) \mid P_x x + P_y y = M_0\}$

第1部　消費者・生産者の選択行動

⑩ 効用の最大化問題——無数の無差別曲線と1本の予算線

　ある一定の予算のもとで，2財（肉と野菜）のどの組み合わせが効用を最大にするかを問題にするのが「効用の最大化問題」であり，一方で有限の予算（所得）を持ち，他方で無限の欲望（嗜好）を持っている消費者の合理的選択を問題にしています。予算（所得）は有限であるので，予算線は1本だけです。欲望（嗜好）は無限であるので，無差別曲線は無数です。消費者は1本の予算線を制約として，無数の無差別曲線の中からより高位のものを選びます。

　$x=$肉の消費量（kg），$y=$野菜の消費量（玉），$U=$効用とします。2財の価格（P_x, P_y）および予算（M）の数値例として，肉1 kg＝5,000円，野菜（白菜）1玉＝500円，予算（所得）＝10,000円としましょう。2財の効用最大量を決定するには2つの条件式が必要であり，効用を最大化する2財の組み合わせ（最適消費計画）が満たすべき条件は次の2つです。

① 1本の予算線上にある。

　このことは与えられた予算をすべて使い切ってしまうことを意味し，

　　肉の価格×肉の消費量＋野菜の価格×野菜の消費量＝予算

であり，以下のように表されます。

$$5{,}000 円 \times 肉\ x\ \mathrm{kg} + 500 円 \times 野菜\ y\ 玉 = 10{,}000 円$$

② 無差別曲線が1本の予算線と接する。

　無差別曲線の傾きは2財（肉と野菜）の限界代替率であり，

$$2 財（肉と野菜）の限界代替率 = \frac{肉の限界効用}{野菜の限界効用}$$

です。予算線の傾きは2財の価格比率（$\frac{肉の価格}{野菜の価格}$）であり，

$$2 財（肉と野菜）の価格比 = \frac{5{,}000}{500}$$

です。したがって，「無差別曲線が1本の予算線と接する」は，

　　　2財（肉と野菜）の限界代替率＝2財（肉と野菜）の価格比

であり，以下のように表されます。

$$\frac{肉の限界効用}{野菜の限界効用} = \frac{肉の価格}{野菜の価格}$$

第1章　消費者の選択行動──1人の消費者の需要

---【知っておきましょう】　加重限界効用均等の法則---

　加重限界効用は1円当たりの限界効用、つまり「$\dfrac{\text{肉の限界効用}}{\text{肉の価格}}$」「$\dfrac{\text{野菜の限界効用}}{\text{野菜の価格}}$」のことです。「無差別曲線が1本の予算線と接する」は、

$$\dfrac{\text{肉の限界効用}}{\text{野菜の限界効用}} = \dfrac{\text{肉の価格}}{\text{野菜の価格}}$$

であり、それは、

$$\dfrac{\text{肉の限界効用}}{\text{肉の価格}} = \dfrac{\text{野菜の限界効用}}{\text{野菜の価格}}$$

と書き換えることができます。この式は「加重限界効用均等の法則」と呼ばれ、それは肉、野菜それぞれの財への支出の最後の1円がもたらす効用の大きさは同じであることを意味しています。

図10-1　効用の最大化問題

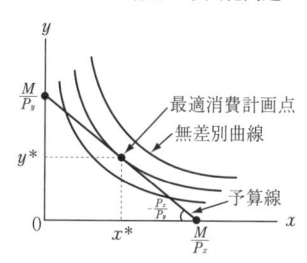

---【知っておきましょう】　効用最大化条件を数式で表す---

① 1本の予算線上にある。

　「1本の予算線上にある」は、

$$P_x \times x + P_y \times y = M \quad (\text{予算線の一般式})$$

で表されます。ここでは、

$$5{,}000 \times x + 500 \times y = 10{,}000$$

です。図示するときは横軸をx、縦軸をyとしているので、予算線の一般式は、

$$y = -\dfrac{P_x}{P_y} \times x + \dfrac{M}{P_y}$$

と書き換えられます。一般式で言えば、予算線の縦軸切片（$x=0$のときのyの値）は$\dfrac{M}{P_y}$、横軸切片（$y=0$のときのxの値）は$\dfrac{M}{P_x}$、傾きは$-\left(\dfrac{P_x}{P_y}\right)$です。

② 無差別曲線が1本の予算線と接する。

　「無差別曲線が1本の予算線と接する」は、

$$\dfrac{MU_x}{MU_y} = \dfrac{P_x}{P_y} \quad \left(\dfrac{\text{肉の限界効用}}{\text{野菜の限界効用}} = \dfrac{\text{肉の価格}}{\text{野菜の価格}}\right)$$

あるいは、

$$\dfrac{MU_x}{P_x} = \dfrac{MU_y}{P_y} \quad \left(\text{加重限界効用均等の法則}：\dfrac{\text{肉の限界効用}}{\text{肉の価格}} = \dfrac{\text{野菜の限界効用}}{\text{野菜の価格}}\right)$$

で表されます。

第1部　消費者・生産者の選択行動

⑪　予算の最小化問題——1本の無差別曲線と無数の予算線

　ある一定の効用を得るのに，2財のどのような組み合わせを購入すれば予算が最小になるかを問題にするのが「予算の最小化問題」です。予算の最小化問題は一般的には「支出最小化問題」と呼ばれ，消費者は目標とする有限の欲望（嗜好）を，出来る限り小さい予算（最小予算）で達成できるように2財の最適消費量を選択します。つまり，消費者は1本の無差別曲線を制約として，無数の予算線の中からより低位（最小予算）のものを選びます。

　$x=$肉の消費量（kg），$y=$野菜の消費量（玉），$M=$予算（円）とします。2財の価格（P_x, P_y）および効用（U）の数値例として，肉1kg＝5,000円，野菜（白菜）1玉＝500円，効用＝300としましょう。2財（肉と野菜）の予算最小量を決定するには2つの条件式が必要であり，予算を最小化する2財の組み合わせ（最適消費計画）が満たすべき条件は次の2つです。

①　1本の無差別曲線上にある。

　「1本の無差別曲線上にある」は，肉と野菜の消費から生じる効用は300でなければならないことを意味しています。

②　1本の無差別曲線が予算線と接する。

　無差別曲線の傾きは2財（肉と野菜）の限界代替率であり，

$$2財（肉と野菜）の限界代替率＝\frac{肉の限界効用}{野菜の限界効用}$$

です。予算線の傾きは2財の価格比率（$\frac{肉の価格}{野菜の価格}$）であり，

$$2財（肉と野菜）の価格比＝\frac{5,000}{500}$$

です。したがって，「無差別曲線が1本の予算線と接する」は，

　　　　2財（肉と野菜）の限界代替率＝2財（肉と野菜）の価格比

であり，以下のように表されます。

$$\frac{肉の限界効用}{野菜の限界効用}＝\frac{肉の価格}{野菜の価格}$$

第1章 消費者の選択行動——1人の消費者の需要

図11-1 予算の最小化問題

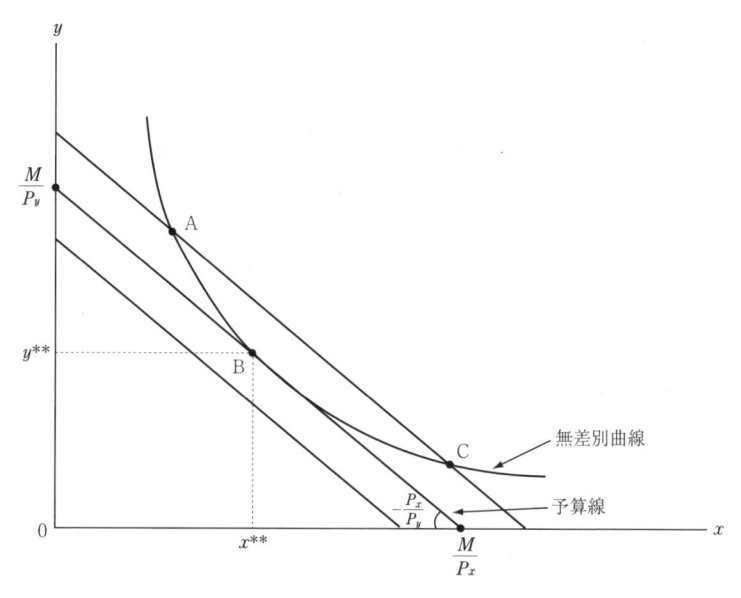

【知っておきましょう】 予算最小化条件を数式で表す

① 1本の無差別曲線上にある。

「1本の無差別曲線上にある」は，
$$300 = U(x, y)$$
で表されます。

② 1本の無差別曲線が予算線と接する。

「1本の無差別曲線が予算線と接する」は，
$$\frac{MU_x}{MU_y} = \frac{P_x}{P_y} \left(\frac{肉の限界効用}{野菜の限界効用} = \frac{肉の価格}{野菜の価格} \right)$$
あるいは，
$$\frac{MU_x}{P_x} = \frac{MU_y}{P_y} \left(加重限界効用均等の法則：\frac{肉の限界効用}{肉の価格} = \frac{野菜の限界効用}{野菜の価格}\right)$$
で表されます。

27

第1部　消費者・生産者の選択行動

12　価格変化と効用最大化問題——価格消費曲線と個別需要曲線

　効用の最大化問題は，一方で有限の予算を持ち，他方で無限の欲望（嗜好）を持っている消費者の合理的選択を問題にしています。効用の最大化を達成する2財の最適な組み合わせ（消費者の主体的均衡）は，ある所与の価格と一定の予算に依存しており，2財のうちの1財の価格が変化すれば，それは消費者の選択可能な財の組み合わせの範囲を変えることになります。たとえば，次の3つの予算線を考えましょう。

① 肉の価格の変化前：肉 1 kg＝5,000円，野菜（白菜）1玉＝500円，予算（所得）＝10,000円

$$5{,}000円 \times 肉\ x\ \mathrm{kg} + 500円 \times 野菜\ y\ 玉 = 10{,}000円$$

② 肉の価格の上昇：肉 1 kg＝8,000円，野菜（白菜）1玉＝500円，予算（所得）＝10,000円

$$8{,}000円 \times 肉\ x\ \mathrm{kg} + 500円 \times 野菜\ y\ 玉 = 10{,}000円$$

③ 肉の価格の下落：肉 1 kg＝2,500円，野菜（白菜）1玉＝500円，予算（所得）＝10,000円

$$2{,}500円 \times 肉\ x\ \mathrm{kg} + 500円 \times 野菜\ y\ 玉 = 10{,}000円$$

(1)　価格消費曲線：価格の変化→最適消費計画の変化

　効用を最大化する2財の組み合わせ（最適消費計画）が満たすべき条件は，「1本の予算線上にある」と「無差別曲線が1本の予算線と接する」であるので，予算線が変わると，最適消費計画は変わります。「1財の価格の変化→予算線の変化→最適消費計画の変化」を図示したものが「価格消費曲線」です。

第1章 消費者の選択行動——1人の消費者の需要

図 12 - 1 肉の価格の変化と予算線

① $5,000x + 500y = 10,000$
② $8,000x + 500y = 10,000$
③ $2,500x + 500y = 10,000$

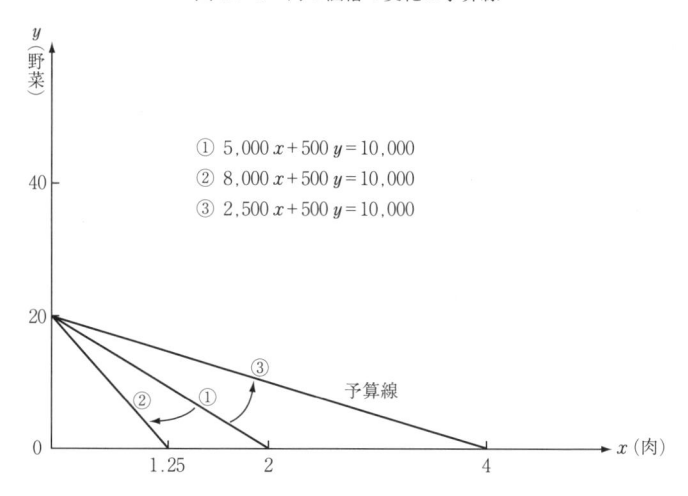

図 12 - 2 価格変化と効用最大化問題：価格消費曲線

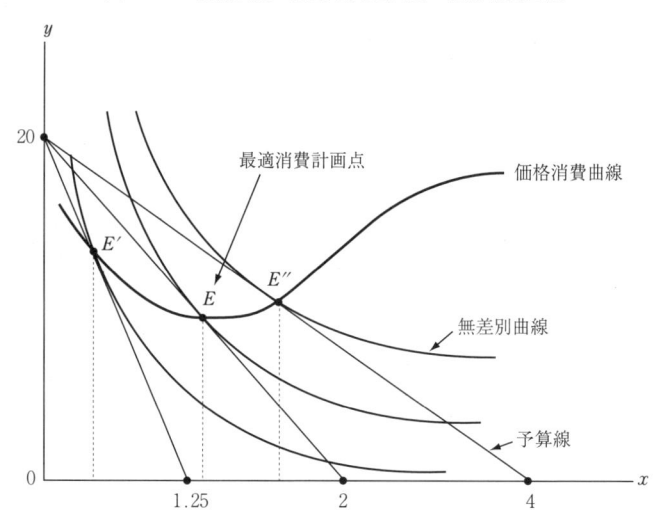

(2) 個別需要曲線：X 財の価格の変化→X 財の最適消費量の変化

　効用を最大化する 2 財の組み合わせ（最適消費計画）が満たすべき条件は，「1 本の予算線上にある」と「無差別曲線が 1 本の予算線と接する」であるので，予算線が変わると，最適消費計画は変わります。「X 財の価格の変化→X 財の最適消費量の変化」を図示したものが X 財の「個別需要曲線」です。

　「価格消費曲線」は X 財の価格（肉の価格）が 8,000 円，5,000 円，2,500 円（野菜の価格と予算は不変）と下落したときの最適消費計画の変化（$E' \to E \to E''$）の軌跡を表しています。

　「個別需要曲線」は X 財の価格（肉の価格）が 8,000 円，5,000 円，2,500 円と下落したときの X 財の最適消費量の変化（$x^{*'} \to x^* \to x^{*''}$）の軌跡を表しています。ここで描かれている需要曲線は「マーシャルの需要曲線」「普通の需要曲線」と呼ばれることがあります。

　上記では「個別需要曲線：X 財の価格の変化→X 財の最適消費量の変化」を考えましたが，同様に「個別需要曲線：Y 財の価格の変化→Y 財の最適消費量の変化」を考えることもできます。

　「価格消費曲線」は Y 財の価格（野菜の価格）が例えば 1,000 円，500 円，250 円（肉の価格と予算は不変）と下落したときの最適消費計画の変化の軌跡を表しています。

　「個別需要曲線」は Y 財の価格（野菜の価格）が 1,000 円，500 円，250 円と下落したときの Y 財の最適消費量の変化の軌跡を表しています。ここで描かれている需要曲線は「Y 財のマーシャルの需要曲線」あるいは「Y 財の普通の需要曲線」と呼ばれています。

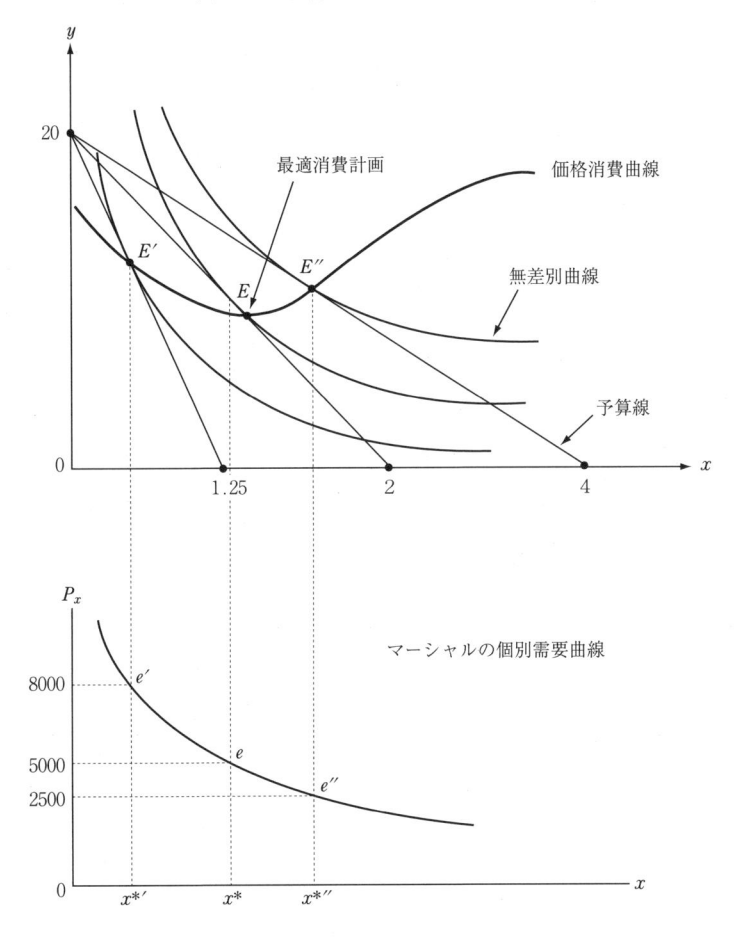

第1章 消費者の選択行動——1人の消費者の需要

図 12 - 3 価格消費曲線と個別需要曲線

⑬ 予算変化と効用最大化問題——所得消費曲線とエンゲル曲線

　効用の最大化問題は，一方で有限の予算（所得）を持ち，他方で無限の欲望（嗜好）を持っている消費者の合理的選択を問題にしています。効用の最大化を達成する2財の最適な組み合わせ（消費者の主体的均衡）は，ある所与の価格と一定の予算（所得）に依存しており，予算（所得）が変化すれば，それは消費者の選択可能な財の組み合わせの範囲を変えることになります。たとえば，次の3つの予算線を考えましょう。

① 所得の変化前：肉1kg＝5,000円，野菜（白菜）1玉＝500円，予算（所得）＝10,000円

$$5{,}000円 \times 肉\ x\ \text{kg} + 500円 \times 野菜\ y\ 玉 = 10{,}000円$$

② 所得の増大：肉1kg＝5,000円，野菜（白菜）1玉＝500円，予算（所得）＝20,000円

$$5{,}000円 \times 肉\ x\ \text{kg} + 500円 \times 野菜\ y\ 玉 = 20{,}000円$$

③ 所得の減少：肉1kg＝5,000円，野菜（白菜）1玉＝500円，予算（所得）＝7,500円

$$5{,}000円 \times 肉\ x\ \text{kg} + 500円 \times 野菜\ y\ 玉 = 7{,}500円$$

(1) 所得消費曲線：所得の変化→最適消費計画の変化

　効用を最大化する2財の組み合わせ（最適消費計画）が満たすべき条件は，「1本の予算線上にある」と「無差別曲線が1本の予算線と接する」であるので，予算線が変わると，最適消費計画は変わります。「所得の変化→予算線の変化→最適消費計画の変化」を図示したものが「所得消費曲線」です。

第1章 消費者の選択行動——1人の消費者の需要

図 13 - 1 所得の変化と予算線

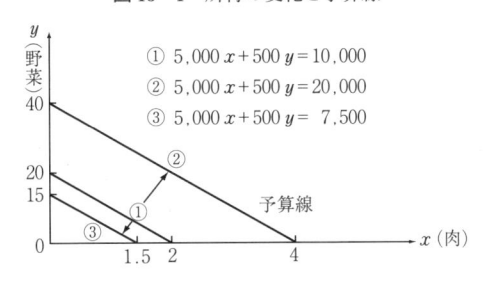

① $5,000\,x + 500\,y = 10,000$
② $5,000\,x + 500\,y = 20,000$
③ $5,000\,x + 500\,y = 7,500$

図 13 - 2 予算変化と効用最大化問題：所得消費曲線：上級財

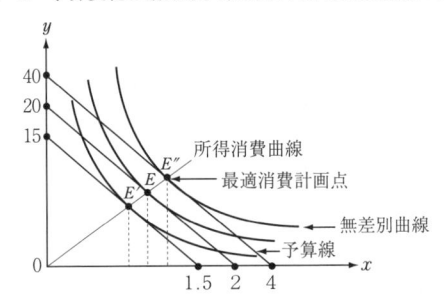

図 13 - 3 所得消費曲線とエンゲル曲線：上級財

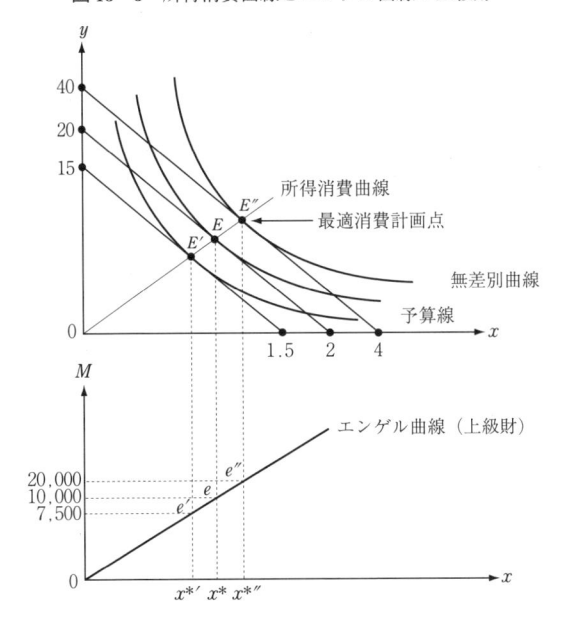

(2) エンゲル曲線：所得の変化→X財の最適消費量の変化

効用を最大化する2財の組み合わせ（最適消費計画）が満たすべき条件は、「1本の予算線上にある」と「無差別曲線が1本の予算線と接する」であるので、予算線が変わると、最適消費計画は変わります。「所得の変化→X財の最適消費量の変化」を図示したものがX財の「エンゲル曲線」です。

「所得消費曲線」は所得（予算）が20,000円、10,000円、7,500円（肉と野菜の価格は不変）と減少したときの最適消費計画の変化（$E' \to E \to E''$）の軌跡を表しています。

「エンゲル曲線」は所得（予算）が20,000円、10,000円、7,500円（肉と野菜の価格は不変）と減少したときのX財の最適消費量の変化（$x^{*'} \to x^{*} \to x^{*''}$）の軌跡を表しています。ここでのエンゲル曲線は、所得が減ったときに最適消費量の減少する「上級財」のケースを描いています。

【知っておきましょう】 上級財と下級財

① 上級財（優等財）
　所得が減ったときに最適消費量の減少する財は「上級財（優等財）」と呼ばれます。

② 下級財（劣等財）
　所得が減ったときに最適消費量の増大する財は「下級財（劣等財）」と呼ばれます。

第 1 章 消費者の選択行動──1 人の消費者の需要

図 13-4 予算変化と効用最大化問題：所得消費曲線：下級財

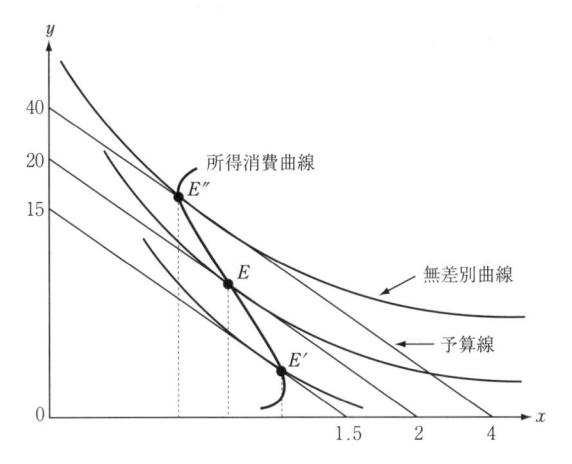

図 13-5 所得消費曲線とエンゲル曲線：下級財

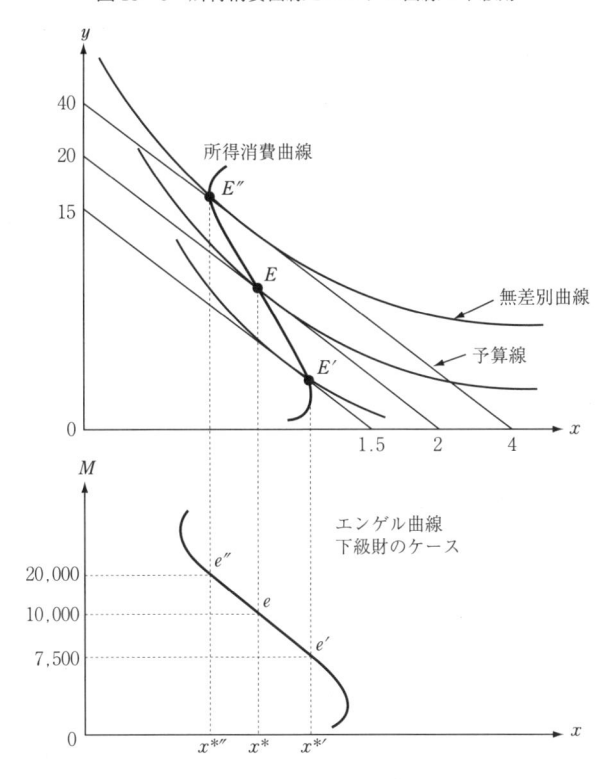

第1部　消費者・生産者の選択行動

14　価格変化の影響のスルツキー分解——代替効果と所得効果

　2財のうちの1財の価格が変化すれば，それは消費者の選択可能な財の組み合わせの範囲を変えます。たとえば，次の2つの予算線を考えましょう。

① 　肉の価格の変化前：肉1kg＝5,000円，野菜（白菜）1玉＝500円，予算（所得）＝10,000円

$$5{,}000円 \times 肉\ x\ \text{kg} + 500円 \times 野菜\ y\ 玉 = 10{,}000円$$

② 　肉の価格の上昇：肉1kg＝8,000円，野菜（白菜）1玉＝500円，予算（所得）＝10,000円

$$8{,}000円 \times 肉\ x\ \text{kg} + 500円 \times 野菜\ y\ 玉 = 10{,}000円$$

　肉の価格が上昇することは「肉の野菜に対する相対価格を上昇させる」ことによる「代替効果」と，「消費者の選択可能な財の組み合わせを変える（予算集合を小さくする）」ことによる「所得効果」の2つの効果によって，効用の最大化を達成する2財の最適な組み合わせを変えます。つまり，肉の価格の上昇による2財の最適な組み合わせの変化（$E \to G$）は，次の2つの効果に分解でき，その分解は「スルツキー分解」と呼ばれています。

(1)　代替効果：$E \to F$

　肉の価格が上昇すれば，予算集合は小さくなります。上昇前の予算線は U_0 の無差別曲線と E 点で接していましたが，上昇後の予算線はより低位の U_1 の無差別曲線と G 点で接しています。ここで，所得（予算）の補償を行って予算線を変化させ，元の U_0 の無差別曲線と再び接するように作図すると，その接点が F 点です。「$E \to F$」は肉の価格上昇による「代替効果」であり，肉の最適消費量は肉の価格上昇により必ず減少します。

(2)　所得効果：$F \to G$

　「$F \to G$」は肉の価格上昇による予算集合縮小の「所得効果」であり，肉が上級財であれば，肉の最適消費量は所得の減少により減少します。

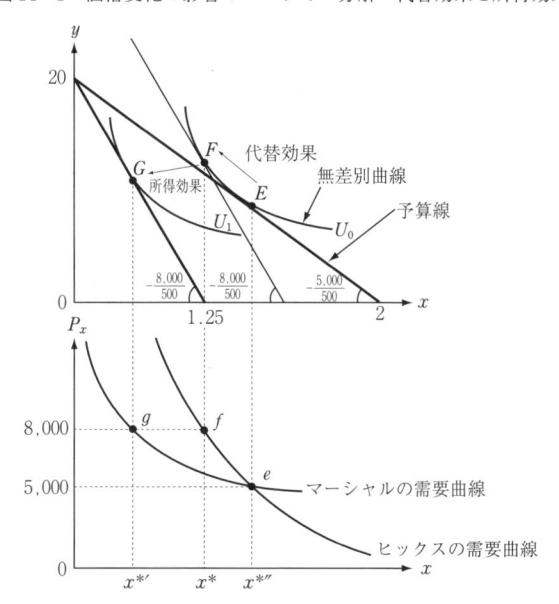

第1章 消費者の選択行動──1人の消費者の需要

図14-1 価格変化の影響のスルツキー分解：代替効果と所得効果

E 点 −（代替効果）→ F 点 −（所得効果）→ G 点

───【知っておきましょう】 普通の需要関数と「補償需要関数」───
　肉の価格が上昇したときの肉の最適消費量の変化の軌跡は「需要曲線」と呼ばれています。肉の価格が上昇したとき、「$E→G$」を問題にするのが「マーシャルの需要曲線」「普通の需要曲線」、「$E→F$」を問題にするのが「ヒックスの需要曲線」「補償需要曲線」です。

───【知っておきましょう】 普通の需要曲線の傾き：正常財とギッフェン財───
① 正常財
　上級財は正常財です。下級財であり、かつ代替効果が所得効果よりも大きい財も正常財です。正常財の普通の需要曲線は右下がりです。つまり、肉の価格が上昇すれば、肉の最適消費量（需要量）は減少します。
② ギッフェン財
　下級財であり、かつ所得効果が代替効果よりも大きい財は「ギッフェン財」と呼ばれています。ギッフェン財の普通の需要曲線は右上がりです。つまり、肉の価格が上昇すれば、肉の最適消費量（需要量）は増大します。これは需要法則の例外であるので、「ギッフェンの逆説」と呼ばれています。

⑮ 消費者行動理論の応用——労働供給と貯蓄

(1) 労働供給と余暇の選択

本章のここまでは，2財の例として肉と野菜を取り上げ，ある一定の予算のもとで，2財のどのような組み合わせを購入すれば効用が最大になるかを問題にしてきました。ここでは，1日24時間のもとで，「働く（働いて得たお金で財を購入する）」「働かない（余暇を楽しむ）」のどのような組み合わせを選択すれば効用が最大になるかを問題にします。ここまでの問題と，ここでの問題の対応は表15-1のとおりです。

予算に制約があるように，時間にも限りがあり，1日は24時間しかありません。限りある時間をどのように使うのが最適なのか，ともいうことができますが，この場合の効用最大化問題は，

$\text{Max} \quad U = U(n, x)$ 　　　（効用の最大化）

s.t. $w \times n + P \times x = 24 \times w$ 　　（予算制約式）

と定式化されます。効用最大化の条件は，

$\dfrac{MU_1(n,x)}{MU_2(n,x)} = \dfrac{w}{P}$ 　　　（限界代替率＝実質賃金率）

$w \times n + P \times x = 24 \times w$ 　　（予算制約式）

です。

第1章 消費者の選択行動——1人の消費者の需要

表15-1 「肉と野菜」モデル vs.「余暇と労働供給」モデル

肉の消費量	余暇の消費量 (n)
野菜の消費量	余暇以外の財の消費量 (x)
肉の価格	余暇の機会費用（貨幣賃金率：w）
野菜の価格	余暇以外の財の価格 (P)
予　算	24時間×貨幣賃金率（$24 \times w$）

図15-1　労働供給と余暇の選択

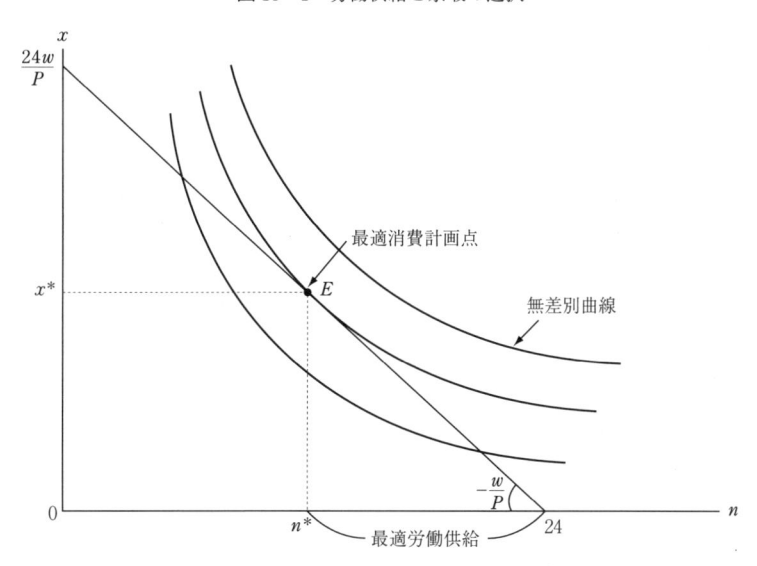

表15-2　「肉と野菜」モデル vs.「現在の肉と将来の肉」モデル

肉の消費量	現在の肉の消費量 (x_1)
野菜の消費量	将来の肉の消費量 (x_2)
肉の価格	現在の肉の価格（1）
野菜の価格	将来の肉の価格（1）の割引現在価値 $[\frac{1}{(1+r)}]$
予　算	現在と将来の所得［予算：$Y_1 + \frac{Y_2}{(1+r)}$］

39

(2) 現在財（消費）と将来財（貯蓄）の選択

本章のここまでは，2財の例として肉と野菜を取り上げ，ある一定の予算のもとで，2財のどのような組み合わせを購入すれば効用が最大になるかを問題にしてきました。ここでは，現在と将来の所得（予算）のもとで，「現在財（現在の肉の消費）」「将来財（将来の肉の消費のための貯蓄）」のどのような組み合わせを選択すれば，効用が最大になるかを問題にします。

r を利子率とすれば，消費者は現在・将来の異なった期間の経済量をすべて現在価値に直して評価する必要があります。ここまでの問題と，ここでの問題の対応は表15-2のとおりです。

貯蓄は現在消費（現在財）を犠牲にして将来消費（将来財）を増やす行動です。負の貯蓄（借入）は将来消費（将来財）を犠牲にして現在消費（現在財）を増やす行動です。効用最大化問題は，

$$\text{Max} \quad U = U(x_1, x_2) \quad \text{（効用の最大化）}$$

$$\text{s.t.} \quad x_1 + \frac{x_2}{(1+r)} = Y_1 + \frac{Y_2}{(1+r)} \quad \text{（予算制約式）}$$

と定式化されます。効用最大化の条件は，

$$\frac{MU_1(x_1, x_2)}{MU_2(x_1, x_2)} = 1 + r$$

$$x_1 + \frac{x_2}{(1+r)} = Y_1 + \frac{Y_2}{(1+r)}$$

です。

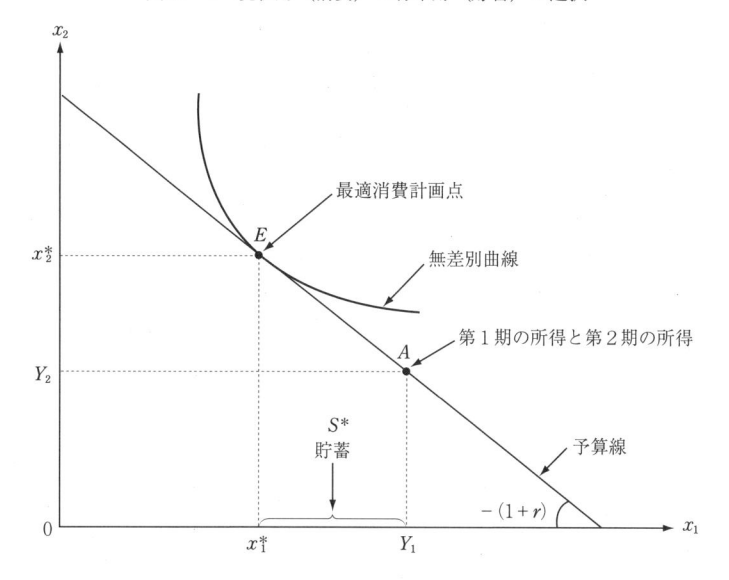

第1章　消費者の選択行動——1人の消費者の需要

図15‐2　現在財（消費）と将来財（貯蓄）の選択

（図：縦軸 x_2、横軸 x_1。最適消費計画点 E、無差別曲線、第1期の所得と第2期の所得を示す点 A、予算線、傾き $-(1+r)$、x_2^*、Y_2、x_1^*、Y_1、貯蓄 S^*）

【知っておきましょう】　貨幣賃金率の上昇の労働供給への影響

① 余暇が上級財であり，かつ代替効果が所得効果より大きいとき
　貨幣賃金率の上昇は余暇の消費量を減少させ，労働供給を増大させます。
② 余暇が上級財であり，かつ代替効果が所得効果より小さいとき
　貨幣賃金率の上昇は余暇の消費量を増大させ，労働供給を減少させます。
③ 余暇が下級財であるとき
　貨幣賃金率の上昇は余暇の消費量を減少させ，労働供給を増大させます。

【知っておきましょう】　利子率上昇の貯蓄への影響

① 債権者であるとき（正の貯蓄）
　負の代替効果，正の所得効果により不明です。
② 債務者であるとき（負の貯蓄）
　負の代替効果と負の所得効果により負です。

第1部　消費者・生産者の選択行動

第2章　生産者の選択行動——1人の生産者の供給

　生産要素を投入（インプット）し，生産物を産出（アウトプット）する活動は「生産活動」と呼ばれ，本章ではその担い手である生産者（企業）の行動を学びます。生産者が直面している問題は，次の3つに整理できます。
① 　生産技術の合理的選択問題　　② 　利潤最大化問題：産出量最大化と費用最小化　　③ 　利潤最大化産出量決定問題：生産物の供給量

> ──【知っておきましょう】　等産出量曲線と生産可能性曲線──
> 　　等産出量曲線と生産可能性曲線
> 　①　等産出量曲線：2つの生産要素，1つの生産物
> 　②　生産可能性曲線：1つの生産要素，2つの生産物
> 　　限界代替率と限界変形率
> 　①　限界代替率（MRS）：等産出量曲線の接線の傾き
> 　②　限界変形率（MRT）：生産可能性曲線の接線の傾き

図2章-1　生産可能性曲線と限界変形率

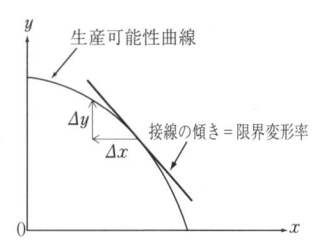

　横軸切片は一定の1つの生産要素（L）投入量のすべてを使ってX財のみを生産したときの最大産出量，縦軸切片は一定の1つの生産要素（L）投入量のすべてを使ってY財のみを生産したときの最大産出量です。

> ──【知っておきましょう】　生産可能性曲線：1つの生産要素，2つの生産物──
> 　「生産可能性曲線」は一定の1つの生産要素（L）投入量から最も効率的に生産される2つの生産物（X, Y）の産出量の組み合わせを示しています。

> ──【知っておきましょう】　限界変形率：1つの生産要素，2つの生産物──
> 　「限界変形率」は生産可能性曲線上の任意の一点における接線の傾きであり，X財の生産をもう1単位減少させることで1つの生産要素は余るが，その余った1つの生産要素を使って増加させることのできるY財の最大産出量を示しています。

第1部　消費者・生産者の選択行動

16　どのように生産者の選択行動を学ぶのか ――生産者行動理論の全体構造

　「消費者の選択行動」理論と「生産者の選択行動」理論はミクロ経済学の基礎中の基礎であり，しっかりと理解しておく必要があります。都合の良いことに，「消費者の選択行動」「生産者の選択行動」両理論の論理構造はたいへんよく似ているので，「消費者の選択行動」理論をしっかりと学習していれば，「生産者の選択行動」理論を理解しやすいはずです。右ページの図は「生産者の選択行動」理論で学ぶ内容を示しています。読者のみなさんには，図によって生産者行動理論全体をどのように順序立てて学習するのかを理解していただきたいと思います。

　「生産者の選択行動」は完全競争市場下，つまり，生産物をいくら売っても，売らなくても，あるいは生産要素をいくら買っても，買わなくても，生産者は現行価格を単独で上下させることできないもとでの選択行動を取り上げているので，生産者は価格（生産物価格，生産要素価格）を所与として行動します。

　生産者の選択行動を消費者の選択行動と1対1で対応させると次のとおりです。

消費者の選択行動	生産者の選択行動
効用最大化	産出量最大化
予算最小化	費用最小化

第2章　生産者の選択行動――1人の生産者の供給

図 16-1　生産者行動理論の全体構造

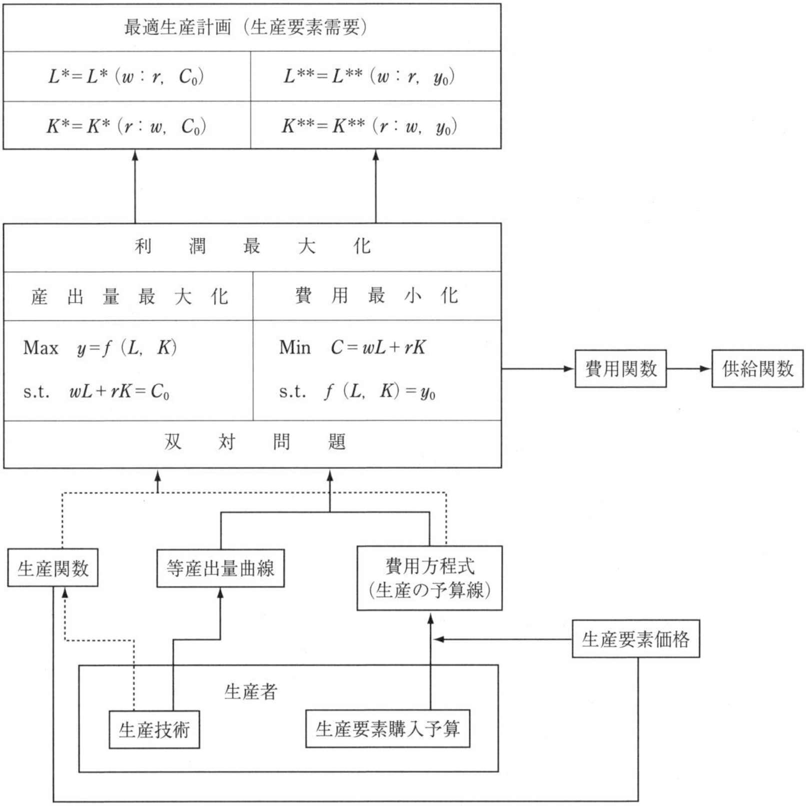

```
┌─────────────────────────────────────────┐
│     最適生産計画（生産要素需要）         │
│  $L^* = L^*(w:r, C_0)$   $L^{**} = L^{**}(w:r, y_0)$  │
│  $K^* = K^*(r:w, C_0)$   $K^{**} = K^{**}(r:w, y_0)$  │
└─────────────────────────────────────────┘
                    ↑
┌─────────────────────────────────────────┐
│          利　潤　最　大　化              │
│   産出量最大化      │    費用最小化      │
│  Max $y = f(L, K)$  │ Min $C = wL + rK$  │
│  s.t. $wL + rK = C_0$│ s.t. $f(L, K) = y_0$│
│          双　対　問　題                  │
└─────────────────────────────────────────┘
        ↑         ↑          ↑          →  ┌──────┐ → ┌──────┐
                                             │費用関数│   │供給関数│
                                             └──────┘   └──────┘
   ┌──────┐  ┌────────┐  ┌──────────┐
   │生産関数│  │等産出量曲線│  │費用方程式  │
   └──────┘  └────────┘  │(生産の予算線)│ ← ┌────────┐
                          └──────────┘     │生産要素価格│
         ┌─────── 生産者 ─────────┐          └────────┘
         │ ┌──────┐    ┌──────────┐ │
         │ │生産技術│    │生産要素購入予算│ │
         │ └──────┘    └──────────┘ │
         └──────────────────────┘
```

第1部　消費者・生産者の選択行動

17　消費者の選択行動と生産者の選択行動の類似性

　「消費者の選択行動」「生産者の選択行動」両理論の論理構造はたいへんよく似ています。生産者の選択行動を学習するときには，消費者の選択行動と生産者の選択行動を次のように1対1で対応させながら理解するとよいでしょう。

消費者の選択行動	生産者の選択行動
消費者	生産者
2財（肉と野菜）	2生産要素（労働と資本）
嗜好	技術
効用関数	生産関数
限界効用	限界生産力
限界効用逓減の法則	限界生産力逓減の法則
無差別曲線（等効用曲線）	等産出量曲線
限界代替率	技術的限界代替率
限界代替率逓減の法則	技術的限界代替率逓減の法則
予算（生産物購入予算）	生産要素購入予算
効用最大化	産出量最大化
予算最小化	費用最小化
加重限界効用均等の法則	加重限界生産力均等の法則
支出関数	費用関数

　ただし，消費者行動理論と生産者行動理論の違いについて，次の点に注意しましょう。

　①　消費者は肉と野菜の選択を行うことができます。しかし，生産者は，長期では労働と資本の選択を行うことができるが，短期では資本は固定的生産要素になってしまうので，労働と資本の選択問題がそもそも起こりません。

　②　消費者行動理論では消費者の行動原理は「効用最大化」「予算最小化」であるが，生産者行動理論では生産者の行動原理は「利潤最大化」です。

第 2 章　生産者の選択行動——1 人の生産者の供給

図 17-1　消費者の選択行動と生産者の選択行動の類似性

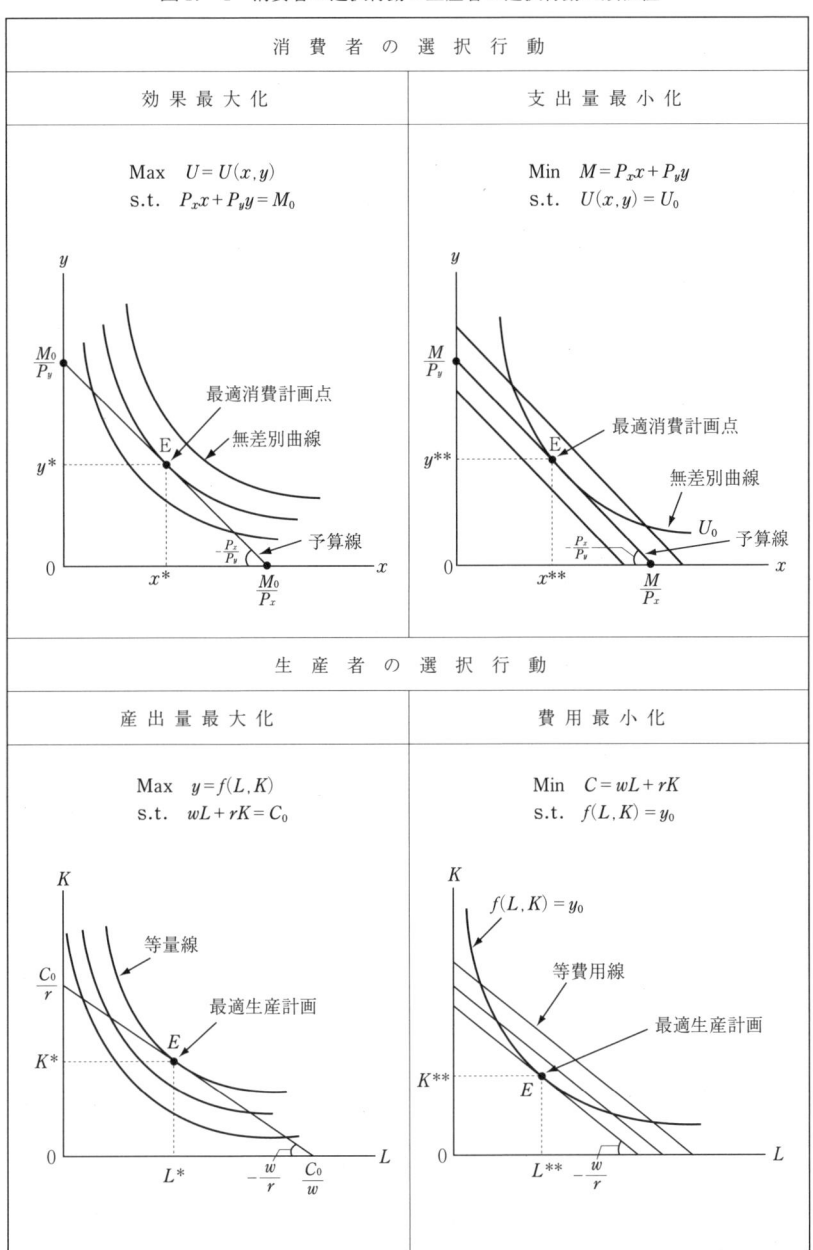

消　費　者　の　選　択　行　動

効　果　最　大　化

Max　$U = U(x, y)$
s.t.　$P_x x + P_y y = M_0$

（図：予算線と無差別曲線、最適消費計画点 E、y^*、x^*、$\frac{M_0}{P_y}$、$\frac{M_0}{P_x}$、傾き $-\frac{P_x}{P_y}$）

支　出　量　最　小　化

Min　$M = P_x x + P_y y$
s.t.　$U(x, y) = U_0$

（図：無差別曲線 U_0 と予算線、最適消費計画点 E、y^{**}、x^{**}、$\frac{M}{P_y}$、$\frac{M}{P_x}$、傾き $-\frac{P_x}{P_y}$）

生　産　者　の　選　択　行　動

産　出　量　最　大　化

Max　$y = f(L, K)$
s.t.　$wL + rK = C_0$

（図：等量線と等費用線、最適生産計画 E、K^*、L^*、$\frac{C_0}{r}$、$\frac{C_0}{w}$、傾き $-\frac{w}{r}$）

費　用　最　小　化

Min　$C = wL + rK$
s.t.　$f(L, K) = y_0$

（図：等量線 $f(L, K) = y_0$ と等費用線、最適生産計画 E、K^{**}、L^{**}、傾き $-\frac{w}{r}$）

47

18 生産技術・生産関数と生産要素購入予算

　稀少な生産要素を投入（インプット）して，有限の生産物を産出（アウトプット）する方法は「生産技術」と呼ばれ，さまざまな生産技術的関係の中で，「稀少な生産要素を投入して，最大量の生産物を産出する」あるいは「有限の生産物を産出するのに，最小量の生産要素を投入する」一番効率的な投入・産出の関係は「生産関数」と呼ばれています。

(1)　長期の生産関数：2つの可変的生産要素

　長期においては，労働，資本といった2つの生産要素を増やすことも，減らすこともできます。$y=$生産物の産出量，$L=$労働の投入量，$K=$資本の投入量とすると，長期の生産関数は次のとおりです。

$$y=f(L, K)$$

(2)　短期の生産関数：固定的生産要素と可変的生産要素

　短期においては，労働は増やすことも，減らすこともできる可変的生産要素であるが，資本は増減させることのできない固定的生産要素です。$y=$生産物の産出量，$L=$労働の投入量，$K_0=$一定の資本量とすると，短期の生産関数は，次のとおりです。

$$y=f(L, K_0)$$

(3)　生産要素購入予算

　$w=$賃金率（労働サービスの価格），$r=$利子率（資本サービスの価格），$C=$生産要素購入予算とすると，

$$w \times L + r \times K = C$$

です。

第 2 章 生産者の選択行動──1 人の生産者の供給

---【知っておきましょう】 消費者の効用関数と生産者の生産関数---

消 費 者	生 産 者
2 財（肉と野菜：x, y）	2 生産要素（労働と資本：L, K）
嗜好	技術
効用関数：$U = U(x, y)$	生産関数：$y = f(L, K)$
限界効用： $MU_x = \dfrac{\partial U}{\partial x}$ $MU_y = \dfrac{\partial U}{\partial y}$	限界生産力： $MP_L = \dfrac{\partial y}{\partial L}$ $MP_K = \dfrac{\partial y}{\partial K}$
限界効用逓減の法則	限界生産力逓減の法則

---【知っておきましょう】 生産技術：規模に関する収穫法則---

労働，資本の 2 つの生産要素の投入量を λ 倍（例えば 2 倍）にしたとしましょう。

① 生産物の産出量が 2 倍超になれば「規模に関して収穫逓増」です。
   産出量を増やすにつれて平均費用は逓減します。
② 生産物の産出量が 2 倍ちょうどになれば「規模に関して収穫不変」です。
   産出量を変えても平均費用は不変です。
③ 生産物の産出量が 2 倍未満になれば「規模に関して収穫逓減」です。
   産出量を増やすにつれて平均費用は逓増します。

図 18-1　効用関数（効用曲線）と短期の生産関数（生産力曲線）

効用関数 $U = U(x)$　効用曲線

短期の生産関数 $y = f(L, K_0)$　生産力曲線

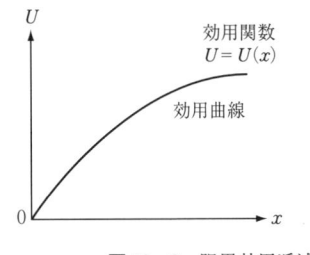

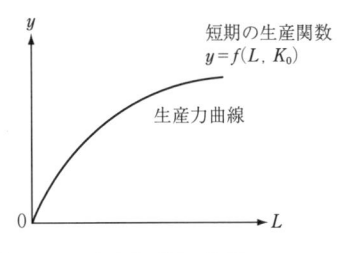

図 18-2　限界効用逓減の法則と限界生産力逓減の法則

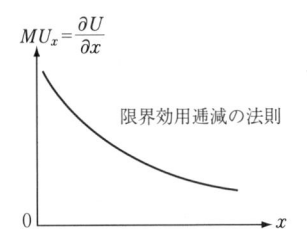

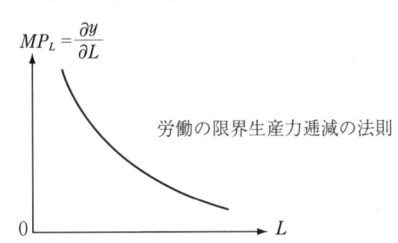

$MU_x = \dfrac{\partial U}{\partial x}$　限界効用逓減の法則

$MP_L = \dfrac{\partial y}{\partial L}$　労働の限界生産力逓減の法則

⑲ 利潤最大化——産出量最大化と費用最小化

消費者行動理論では消費者の行動原理は「効用最大化」「予算最小化」であるが，生産者行動理論では生産者の行動原理は「利潤最大化」です。「利潤＝収入－費用」と定義されます。費用一定のもとで収入（＝生産物価格×産出量）を最大化（産出量最大化）しても，収入一定のもとで費用を最小化（費用最小化）しても，利潤を最大化できます。「産出量最大化」「費用最小化」のいずれの問題からも同じ答え（生産要素の最適組み合わせ）を導出できます（双対性）。

(1) 産出量の最大化：無数の等産出量曲線と1本の予算線

生産者の産出量最大化を消費者の効用最大化と1対1で対応させると次のとおりです。

消　費　者	生　産　者
予算（生産物購入予算）：$P_x \times x + P_y \times y = M$	生産要素購入予算：$w \times L + r \times K = C$
効用最大化：Max $U = U(x,y)$ 　　s.t. $P_x \times x + P_y \times y = M$	産出量最大化：Max $y = f(L,K)$ 　　s.t. $w \times L + r \times K = C$
効用最大化条件：$\dfrac{MU_x}{MU_y} = \dfrac{P_x}{P_y}$ $P_x \times x + P_y \times y = M$	産出量最大化条件：$\dfrac{MP_L}{MP_K} = \dfrac{w}{r}$ $w \times L + r \times K = C$
加重限界効用均等の法則：$\dfrac{MU_x}{P_x} = \dfrac{MU_y}{P_y}$	加重限界生産力均等の法則：$\dfrac{MP_L}{w} = \dfrac{MP_K}{r}$

(2) 費用の最小化：1本の等産出量曲線と無数の予算線

生産者の費用最小化を消費者の予算最小化と1対1で対応させると次のとおりです。

消　費　者	生　産　者
予算最小化 　Min $M = P_x \times x + P_y \times y$ 　s.t. $U = U(x,y)$	費用最小化 　Min $C = w \times L + r \times K$ 　s.t. $y = f(L,K)$
予算最小化条件：$\dfrac{MU_x}{MU_y} = \dfrac{P_x}{P_y}$ $U = U(x,y)$	費用最小化条件：$\dfrac{MP_L}{MP_K} = \dfrac{w}{r}$ $y = f(L,K)$
加重限界効用均等の法則：$\dfrac{MU_x}{P_x} = \dfrac{MU_y}{P_y}$	加重限界生産力均等の法則：$\dfrac{MP_L}{w} = \dfrac{MP_K}{r}$

第 2 章 生産者の選択行動──1 人の生産者の供給

図 19 - 1　産出量最大化　　　　　図 19 - 2　費用最小化

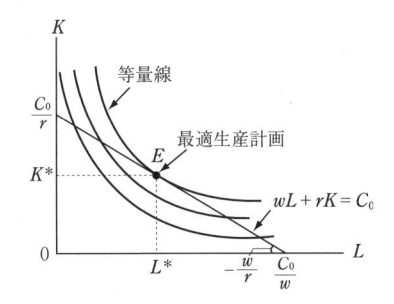

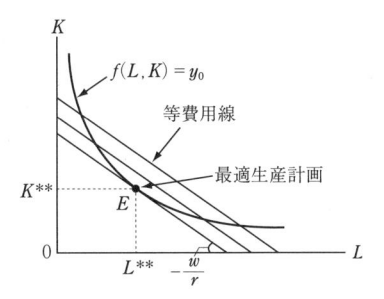

【知っておきましょう】　産出量最大化と費用最小化

消　費　者	生　産　者
無差別曲線（等効用曲線）	等産出量曲線
限界代替率：$MRS_{xy}=\dfrac{MU_x}{MU_y}$	技術的限界代替率：$MRST_{LK}=\dfrac{MP_L}{MP_K}$
限界代替率逓減の法則	技術的限界代替率逓減の法則
予算（生産物購入予算）	費用（生産要素購入予算）
1 本の予算線	1 本の費用線
無数の等予算線	無数の等費用線
加重限界効用均等の法則：$\dfrac{MU_x}{P_x}=\dfrac{MU_y}{P_y}$	加重限界生産力均等の法則：$\dfrac{MP_L}{w}=\dfrac{MP_K}{r}$

⑳ 費用最小化——長期費用関数と短期費用関数

長期および短期における費用最小化問題は次のとおりです。

長期の費用最小化	短期の費用最小化
Min $C = w \times L + r \times K$ s.t. $y = f(L, K)$	Min $C = w \times L + r \times K_0$ s.t. $y = f(L, K_0)$

費用関数は，生産物産出量（y）と，その生産物産出量を生み出すための最小費用（C^{**}）との関係です。つまり，費用関数は，

$$C = C(y)$$

と定式化されます。$y=$ 野菜（白菜）の産出量とすると，野菜を1玉作るには労働（L）と資本（K）をどのように組み合わせれば最小費用になるのか，その結果としていくらの最小費用になったのかを求めることができます。同様に，野菜を y 玉作るときの，労働（L）と資本（K）の費用最小化組み合わせ，その結果としての最小費用を求めることができます。

【知っておきましょう】 長期費用関数（LTC）

工場（資本）を建設するには時間がかかります。労働の投入量のみならず，資本（工場，建物，機械など）の投入量も変えることができるとすれば，それが「長期」です。長期における費用最小化問題を解くと，労働の最適投入量（L^{**}），資本の最適投入量（K^{**}）を得ることができます。これらの労働・資本の最適投入量はある一定の産出量を最小費用で生産する生産要素組み合わせであり，別の一定の産出量を最小費用で生産する生産要素組み合わせは違うものです。つまり，

y_1 に対しては，L_1^{**}，K_1^{**} で，$C_1^{**} = w \times L_1^{**} + r \times K_1^{**}$

y_2 に対しては，L_2^{**}，K_2^{**} で，$C_2^{**} = w \times L_2^{**} + r \times K_2^{**}$

であり，y_1 を生産する最小費用は C_1^{**}，y_2 を生産する最小費用は C_2^{**} です。このようにして得られる，産出量（y）と，各産出量を生産するのに最小限必要な費用（C）との関係が長期の費用関数です。

第 2 章　生産者の選択行動──1 人の生産者の供給

【知っておきましょう】　短期費用関数（STC）

　短期においては，労働の投入量を変化させることはできるが，資本の投入量を変えることはできません。ここでの生産関数 $[y=f(L, K_0)]$ においては，そのことは L は可変的生産要素であるが，K は下添字 0 をつけることによって固定的生産要素であることを示しています。生産関数は労働投入量（L）と産出量（y）の関係であり，ある一定の産出量を生産するのに最小の労働投入量（L^{**}）はいくらであるかが分かります。別の一定の産出量を生産するための最小の労働投入量は違うものであり，つまり，

　　y_1 に対しては，L_1^{**}，K_0 で，$C_1^{**}=w×L_1^{**}+r×K_0$
　　y_2 に対しては，L_2^{**}，K_0 で，$C_2^{**}=w×L_2^{**}+r×K_0$

であり，y_1 を生産する最小費用は C_1^{**}，y_2 を生産する最小費用は C_2^{**} です。このようにして得られる，産出量（y）と，各産出量を生産するのに最小限必要な費用（C）との関係が短期の費用関数です。

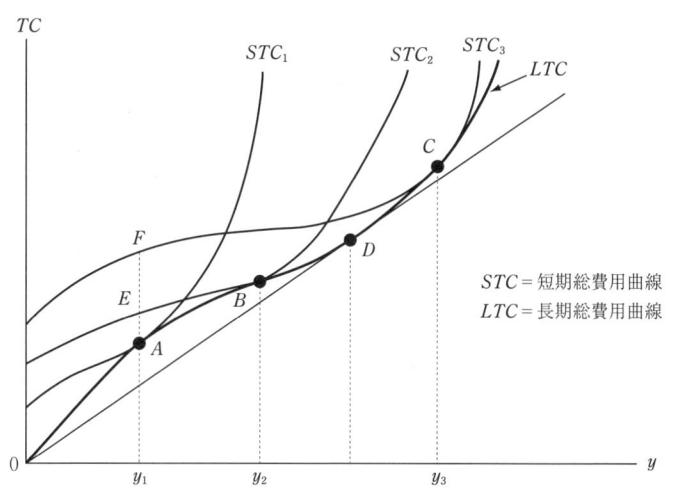

図 20-1　長期費用曲線と短期費用曲線

21 短期費用関数——固定費用と変動費用,平均費用と限界費用

前節でも触れたように,短期においては,労働の投入量を変化させることはできるが,資本の投入量を変えることはできません。このとき,労働は「可変的生産要素」,資本は「固定的生産要素」とそれぞれ呼ばれます。生産関数 [$y=f(L, K_0)$] は労働投入量 (L) と産出量 (y) の関係であり,任意の一定の産出量を生産するのに最小の労働投入量 (L^{**}) はいくらであるかが分かります。つまり,

y_1 に対しては,L_1^{**},K_0 で,$C_1^{**}=w \times L_1^{**}+r \times K_0$

y_2 に対しては,L_2^{**},K_0 で,$C_2^{**}=w \times L_2^{**}+r \times K_0$

であり,y_1 を生産する最小費用は C_1^{**},y_2 を生産する最小費用は C_2^{**} です。このようにして得られる,産出量 (y) と,各産出量を生産するのに最小限必要な費用 (C^{**}) との関係が短期の費用関数であり,以下のように定式化されます。

$$C=w \times L(y)+r \times K_0=C(y)$$

$w \times L(y)$ は産出量 (y) とともに増減するので「変動費用 (Variable Cost : VC)」あるいは「可変費用」と呼ばれています。また,$r \times K_0$ は産出量 (y) のいかんにかかわらず一定であり,たとえ産出量 (y) がゼロでも発生するものなので「固定費用 (Fixed Cost : FC)」あるいは「不変費用」と呼ばれています。ここで,

$$w \times L(y)=VC(y)=変動費用$$
$$r \times K_0=FC=固定費用$$

とおき,C をたんに費用と呼ばずに,総費用 (Total Cost) と呼べば,

　総費用=変動費用+固定費用

です。つまり,

$$C(y)=VC(y)+FC$$

です。

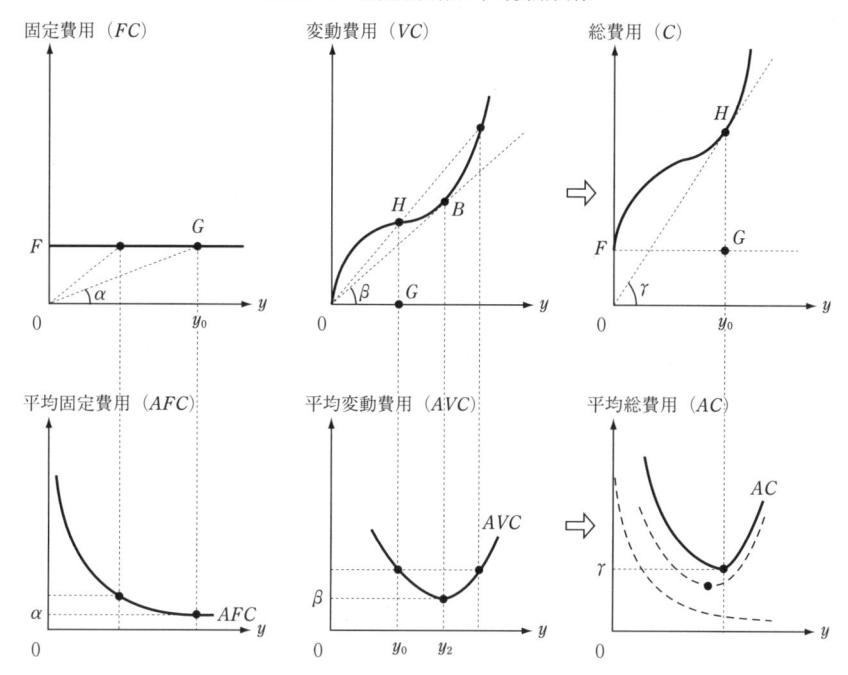

第2章　生産者の選択行動——1人の生産者の供給

図 21‐1　総費用曲線と平均費用曲線

【知っておきましょう】　逆S字型の総費用曲線

　生産者の技術が所与であるならば，生産者にとって所与である資本に最も適した産出量まで「規模に関して収穫逓増」（平均費用の逓減），適正産出量で「規模に関して収穫不変」，適正産出量を越えると「規模に関して収穫逓減」（平均費用の逓増）となります。したがって，一般に産出量が増加するにつれて，平均費用は逓減から不変に，不変から逓増に変わります。

第1部 消費者・生産者の選択行動

　総費用，固定費用および変動費用について，次のような平均費用と限界費用を考えることができます。「平均費用」は各費用を産出量で割った費用（生産物1単位当たりに要した費用），「限界費用」は各費用を産出量で微分した費用です。つまり，「平均費用」は産出量1単位当たりの各費用，「限界費用」は産出量を微少量増やしたときの各費用の増加分です。

	総費用	変動費用	固定費用
平均費用	$AC = \dfrac{C}{y}$	$AVC = \dfrac{VC}{y}$	$AFC = \dfrac{FC}{y}$
限界費用	$MC = \dfrac{dC}{dy}$	$MC = \dfrac{dVC}{dy}$	$\dfrac{dFC}{dy} = 0$

$AC(y) =$ 平均総費用
$AVC(y) =$ 平均変動費用
$AFC(y) =$ 平均固定費用
$MC(y) =$ 限界費用

【知っておきましょう】 平均費用曲線（AC）と限界費用曲線（MC）

　限界費用曲線は平均費用曲線の最低点を下から切って右上がりです。
① $MC < AC$：平均費用は逓減
② $MC = AC$：平均費用は一定
③ $MC > AC$：平均費用は逓増

図 21 - 2　総費用曲線と限界費用曲線

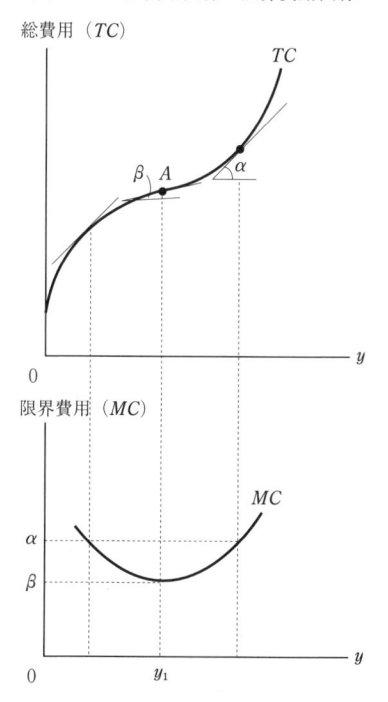

図 21 - 3　平均費用曲線と限界費用曲線

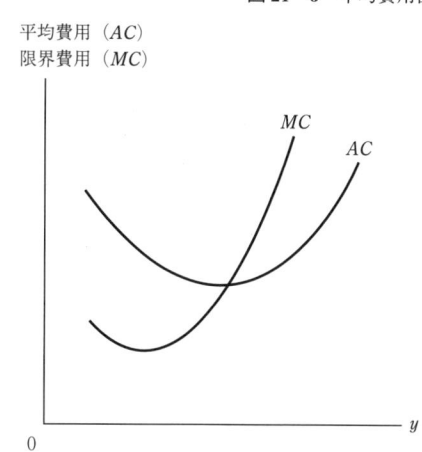

| AC が減少している | $\Longleftrightarrow$ | $MC < AC$ |
| AC が増加している | $\Longleftrightarrow$ | $MC > AC$ |

第1部 消費者・生産者の選択行動

22 利潤最大化——総収入，総費用および利潤

生産者の行動原理は「利潤最大化」であり，利潤は，

$$\text{利潤}(\pi) = \text{総収入}(R) - \text{総費用}(C)$$

と定義されます。総収入（R）は「生産物価格（P）×産出量（y）」であるので，

$$\pi(y) = R(y) - C(y) = P \times y - C(y)$$

です。

　　　$\pi = \pi(y)$：利潤関数（利潤と産出量の関係）
　　　$R = R(y)$：収入関数（総収入と産出量の関係）
　　　$C = C(y)$：費用関数（総費用と産出量の関係）

であり，縦軸に総収入（R），総費用（C）をとり，横軸に産出量（y）をとると，総収入曲線，総費用曲線は右ページのように図示されます。総収入曲線と総費用曲線との垂直差が利潤です。

生産物市場は完全競争市場であると仮定しているので，生産者にとっては，生産物価格（P）は所与です。ですから，縦軸に総収入（R），横軸に産出量（y）をとると，総収入曲線は原点を通る直線（傾きはP）になります。総費用曲線は一般には逆S字型の形状をしています。

次に，縦軸に利潤（π），横軸に産出量（y）をとり，総収入曲線と総費用曲線との垂直差を図示すると，それが「利潤曲線」です。利潤曲線は山の形をしていて，山の頂点の左側では産出量が増えるにつれて利潤は増加するが，山の頂点の右側では産出量が増えるにつれて利潤は減少します。

利潤最大化を達成する産出量は次の2通りで求めることができます。

① 総収入曲線と総費用曲線との垂直差（縦幅）が最大となるところに対応する産出量。
② 利潤曲線の頂点に対応する産出量。

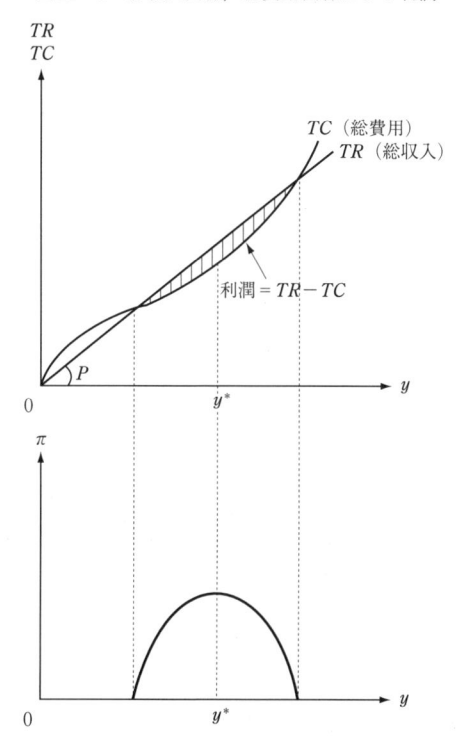

第2章　生産者の選択行動——1人の生産者の供給

図 22 - 1　総収入曲線，総費用曲線および利潤

23 利潤最大化——限界収入，限界費用および限界利潤

生産者の行動原理は「利潤最大化」であり，利潤は，

利潤（π）＝総収入（R）－総費用（C）

と定義されます。総収入（R）は「生産物価格（P）×産出量（y）」なので，

$$\pi(y) = R(y) - C(y) = P \times y - C(y)$$

です。$\pi(y)$ は利潤，$R(y)$ は総収入，$C(y)$ は総費用であり，それらの"限界"概念を求めるために，上式を微分すると，

$$\frac{d\pi}{dy} = \frac{dR}{dy} - \frac{dC}{dy} = P - \frac{dC}{dy}$$

が得られます。$\frac{d\pi}{dy}$ は「限界利潤」，$\frac{dR}{dy}$（完全競争市場下では P）は「限界収入」，$\frac{dC}{dy}$ は「限界費用」とそれぞれ呼ばれているものです。

① 生産物価格（P）＞限界費用 $\left(\frac{dC}{dy}\right)$ のとき：

限界利潤 $\left(\frac{d\pi}{dy}\right)$ はプラスです。このときは産出量を増やせば，利潤は増加するので，生産者は産出量を増やします。

② 生産物価格（P）＝限界費用 $\left(\frac{dC}{dy}\right)$ のとき：

限界利潤 $\left(\frac{d\pi}{dy}\right)$ はゼロです。限界利潤は利潤曲線の接線の傾きであり，傾きがゼロであることは接線が右上がり，右下がりのいずれでもなく，平らであることを意味しています。利潤曲線の頂点での接線は平らであり，「生産物価格（P）＝限界費用 $\left(\frac{dC}{dy}\right)$」あるいは「限界利潤 $\left(\frac{d\pi}{dy}\right) = 0$」は利潤最大化条件です。

③ 生産物価格（P）＜限界費用 $\left(\frac{dC}{dy}\right)$ のとき：

限界利潤 $\left(\frac{d\pi}{dy}\right)$ はマイナスです。このときは産出量を増やせば，利潤は減少するので，生産者は産出量を減らします。

縦軸に限界収入（MR），限界費用（MC）をとり，横軸に産出量（y）をとると，限界収入曲線，限界曲線は右ページのように図示されます。限界収入曲線（価格線）と限界費用曲線との交点が利潤最大化です。

第 2 章 生産者の選択行動——1 人の生産者の供給

---【知っておきましょう】 利潤最大化の 1 階の条件と 2 階の条件---

① 利潤最大化の 1 階の条件：$\dfrac{d\pi}{dy}=0$

② 利潤最大化の 2 階の条件：$\dfrac{d^2\pi}{dy^2}=-\dfrac{d^2C}{dy^2}<0$

$-\dfrac{d^2C}{dy^2}<0$，つまり $\dfrac{d^2C}{dy^2}>0$ は限界費用の逓増を意味しています。利潤最大化の 1 階の条件は "平ら" であることを意味しているので，$\dfrac{d\pi}{dy}=0$ は最大，最小のいずれでも意味します。最大のときは上りから下りになるので，$\dfrac{d\pi}{dy}>0 \to \dfrac{d\pi}{dy}=0 \to \dfrac{d\pi}{dy}<0$ であり，それは $\dfrac{d}{dy}\left(\dfrac{d\pi}{dy}\right)=\dfrac{d^2\pi}{dy^2}<0$ を意味しています。

図 23-1 利潤最大化の 1 階の条件と 2 階の条件

y^* が $\pi(y)$ を最大にするための条件	解　　釈	図　　示
(1) $\dfrac{d\pi}{dy}=0$ (2) $\dfrac{d^2\pi}{dy^2}<0$	y^* で (1)接線の傾きがゼロ (2)接線の傾きが正から負に変わる	

図 23-2 限界収入曲線と限界費用曲線

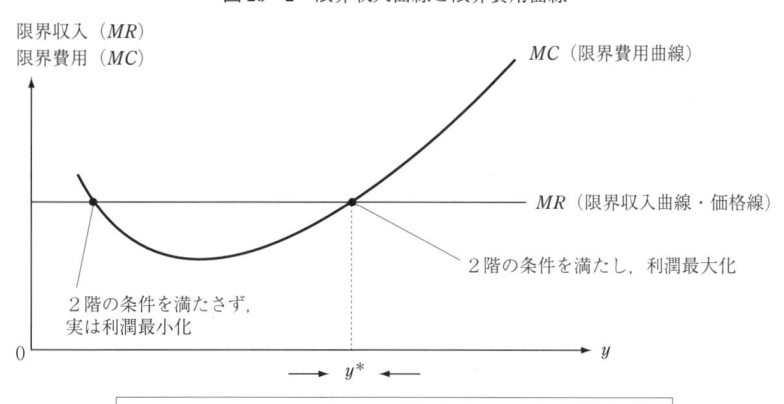

①	限界利潤＞0	→	価格＞限界費用	→	生産拡大
②	限界利潤＝0	→	価格＝限界費用	→	利潤の最大化
③	限界利潤＜0	→	価格＜限界費用	→	生産縮小

第1部　消費者・生産者の選択行動

24　利潤最大化と短期個別供給曲線

　縦軸に限界収入（MR：完全競争市場下では生産物価格），限界費用（MC），平均費用（AC），平均変動費用（AVC）をとり，横軸に産出量（y）をとると，限界収入曲線（完全競争市場下では価格線：P），限界費用曲線，平均費用曲線，平均変動費用曲線はそれぞれ右ページのように図示されます。限界収入曲線（価格線）と限界費用曲線との交点が利潤最大化です。

　生産物価格（P）が変われば，利潤最大化産出量は変わります。つまり，「P_Aに対してy_A」「P_Bに対してy_B」などであり，このようにして得られる，価格（P）と，各価格が与えられたときの利潤最大化産出量との関係が供給関数（個別供給関数）です。とすれば，供給曲線は限界費用曲線そのものであるように思われるが，右ページに見られるように，供給曲線（個別供給曲線）は限界費用曲線の右上がりの部分で，かつ操業停止点（生産停止点）より上の部分です。

$P>P_C$：固定費用を考慮しても利潤はプラス 　総収入－変動費用＝総収入－平均変動費用（AVC）×産出量＞0 　総収入－（変動＋固定費用）＝総収入－平均費用（AC）×産出量＞0
$P=P_C$（損益分岐点：平均費用の最小値）：固定費用を考慮すると利潤ゼロ 　総収入－変動費用＞0　　　総収入－（変動＋固定費用）＝0
$P_B<P<P_C$：変動費用を償えても，固定費用を考慮すると利潤はマイナス 　総収入－変動費用＞0　　　総収入－（変動＋固定費用）＜0
$P=P_B$（操業停止点：平均変動費用の最小値）：操業停止で固定費用だけの損失 　総収入－変動費用＝0　　　総収入－（変動＋固定費用）＜0
$P<P_B$：変動費用をも償うことができず，操業を継続すれば損失は拡大 　総収入－変動費用＜0　　　総収入－（変動＋固定費用）＜0

第2章 生産者の選択行動——1人の生産者の供給

―― 【知っておきましょう】 損益分岐点と操業停止点 ――

① 損益分岐点

限界費用曲線（MC）と平均費用曲線（AC）の交点は「損益分岐点」と呼ばれ、そこでは「総収入－（変動＋固定費用）＝0」です。

② 操業停止点

限界費用曲線（MC）と平均変動費用曲線（AVC）の交点は「操業停止点」と呼ばれ、そこでは「総収入－変動費用＝0」です。

図24‐1　供給曲線：損益分岐点と操業停止点

限界費用（MC）・平均固定費用（AFC）
平均費用（AC）・平均可変費用（AVC）・限界収入（$MR=P$）

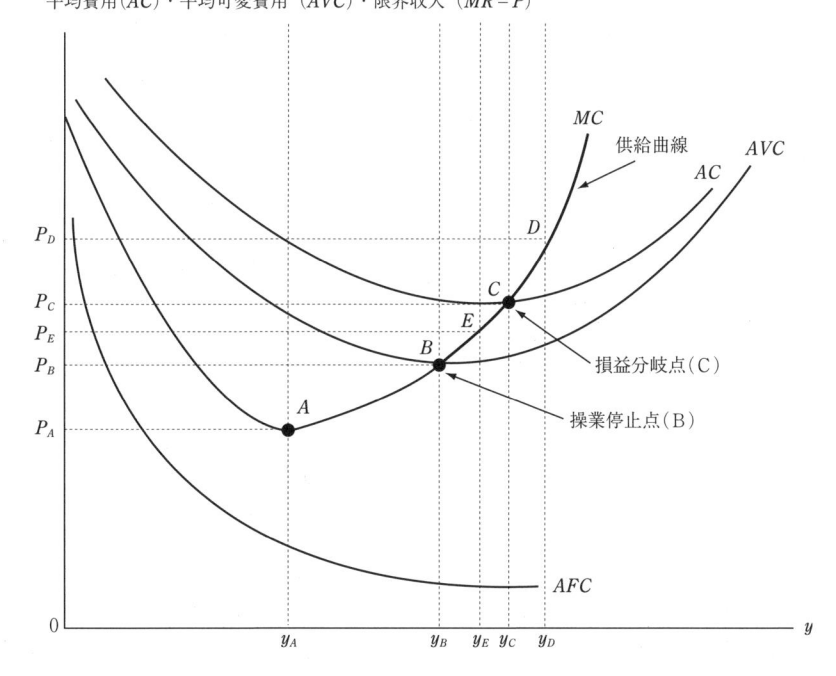

第1部 消費者・生産者の選択行動

25 短期費用関数と長期費用関数——生産者の長期均衡

今まで見てきたように，長期・短期の費用最小化問題はそれぞれ次のように定式化されます。

長期の費用最小化	短期の費用最小化
Min $C = w \times L + r \times K$ s.t. $y = f(L, K)$	Min $C = w \times L + r \times K_0$ s.t. $y = f(L, K_0)$

生産者は長期においては労働（L）と資本（K）の両生産要素を選択できるが，短期においては労働（L）しか選択できません。したがって，産出量（y）と，各産出量を生産するのに最小限必要な費用（C）との関係が費用関数であらわされますが，短期の費用関数は厳密には，$C = C(y : w, r, K_0)$ と定式化されますので，短期における費用は一定の資本（K_0）に依存していることが分かります。

(1) 短期総費用曲線（STC）と長期総費用曲線（LTC）

資本の規模に対応した短期総費用曲線を描くことができます。

$STC_1 = C(y : w, r, K_{01})$

$STC_2 = C(y : w, r, K_{02})$　　（$K_{01} < K_{02} < K_{03}$）

$STC_3 = C(y : w, r, K_{03})$

長期では，資本規模を自由に選択できるので，生産者は総費用を最小にするように行動します。例えば，y_1 の産出量を生産するとき K_{01} を選択し，y_2 の産出量を生産するときは K_{02} を選択します。すなわち，生産者はさまざまな産出量水準に対応した最適資本規模を選択するということです。各産出量水準にそれを生産する最小短期総費用を対応させた点を連ねると，長期総費用曲線 OABDC を得ることができます。長期総費用曲線（LTC）はすべての短期総費用曲線（STC）の「包絡線」です。つまり，すべての短期総費用曲線（STC）をはみ出さないように下から包んだものが長期総費用曲線（LTC）であり，原点を通ります。

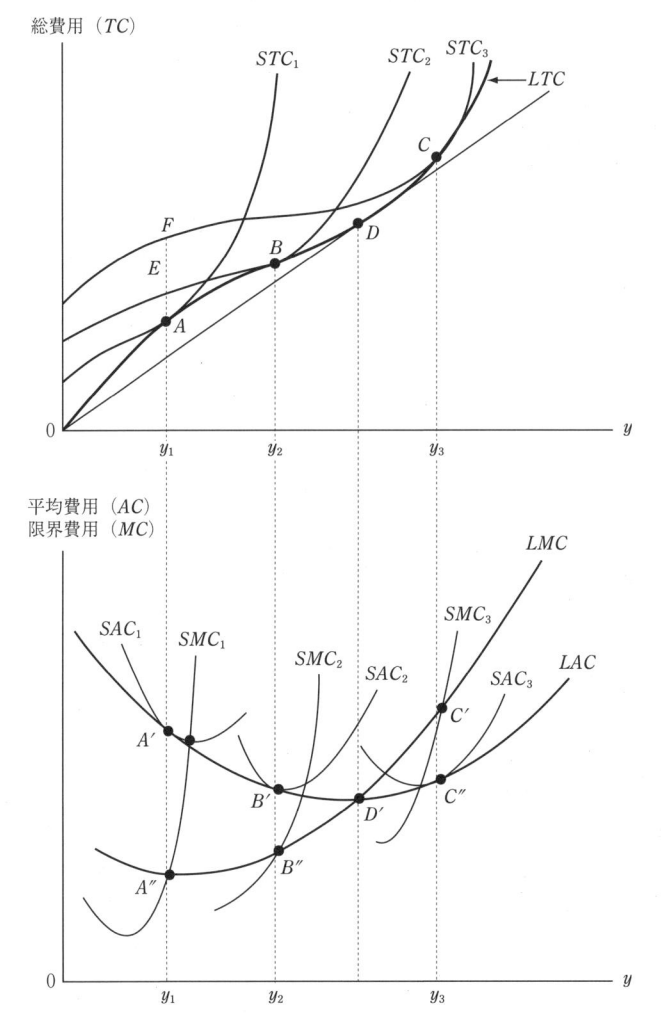

第 2 章　生産者の選択行動——1 人の生産者の供給

図 25-1　短期費用曲線と長期費用曲線

(2) 短期平均費用曲線（*SAC*）と長期平均費用曲線（*LAC*）

　長期平均費用曲線は長期総費用曲線から導出することができます。長期平均費用曲線（*LAC*）はすべての短期平均費用曲線（*SAC*）の包絡線です。

(3) 短期限界費用曲線（*SMC*）と長期限界費用曲線（*LMC*）

　長期限界費用曲線は長期総費用曲線から導出することができます。短期限界費用（*SMC*）と長期限界費用（*LMC*）は短期平均費用（*SMC*）曲線と長期平均費用（*LMC*）曲線との接点（すなわち，短期総費用曲線と長期総費用曲線との接点）に対応した産出量水準で等しくなります（例えば，A, A', A''）。

【知っておきましょう】　総費用曲線からの平均費用曲線・限界費用曲線の導出

① 総費用曲線からの平均費用曲線の導出
　平均総費用は総費用曲線上の点と原点を結んだ直線の傾きの大きさです。
② 総費用曲線からの限界費用曲線の導出
　限界費用は総費用曲線上の点における接線の傾きの大きさです。

第 2 章 生産者の選択行動——1 人の生産者の供給

---【知っておきましょう】 生産者の長期均衡点---

完全競争市場は自由参入・退出の市場です。生産者の数が一定であるときが短期であり，長期では，産業でプラスの超過利潤が発生しているとき新規生産者の参入が，マイナスの利潤が発生しているとき既存生産者の退出がそれぞれ生じます。新規生産者の参入が生じると，産業内の総供給量が増大し，市場均衡価格は下落します。市場均衡価格が長期平均費用曲線の最低点まで下がると，超過利潤はゼロとなり，新規生産者の参入がなくなります。この状態は「生産者の長期均衡点」と呼ばれ，そこでは市場均衡価格，長期限界費用，短期限界費用，長期平均費用，短期平均費用のすべてが等しくなります。産業内の各生産者は最小の平均費用で表される最も効率のよい生産規模で生産しています。

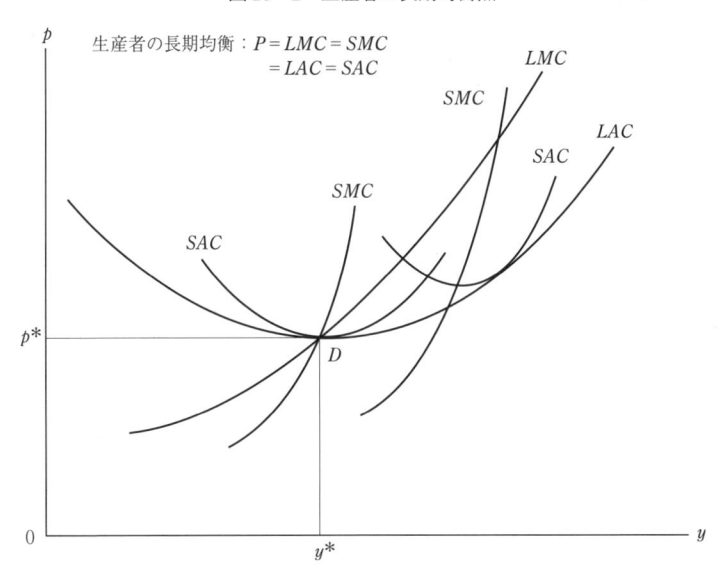

図 25 - 2　生産者の長期均衡点

生産者の長期均衡：$P = LMC = SMC = LAC = SAC$

第2部　多数の消費者の需要と多数の生産者の供給──需給均衡

第3章　1つだけの完全競争市場の均衡──部分均衡分析

　第1部では「1人の消費者の需要」「1人の生産者の供給」を取り上げたが，第2部では「多数の消費者の需要」と「多数の生産者の供給」がぶつかり合う生産物市場を取り上げます。多数の消費者の中の一人ひとりの消費者はいくら買っても，買わなくても生産物の現行価格を単独で上下させることができない，多数の生産者の中の一人ひとりの生産者はいくら売っても，売らなくても生産物の現行価格を単独で上下させることができないという2つの意味で，市場は「完全競争市場」です。

　完全競争市場下，1人の消費者は「1本の予算線」と「無数の無差別曲線」で効用最大化をもたらす2財の最適消費量を決定しましたが，1本の予算線を決めるものは2財の生産物価格と予算です。完全競争市場下，1人の生産者は「限界収入曲線」と「限界費用曲線」で利潤最大化をもたらす最適産出量を決定しましたが，限界収入曲線を決めるものは生産物価格です。1人の消費者と1人の生産者は所与の生産物価格のもとで最適行動を決めているが，その生産物価格は多数の消費者の最適行動（需要）と多数の生産者の最適行動（供給）によって決定されます。

　第1部の「1人の消費者の需要」「1人の生産者の供給」では2つの生産物（X財，Y財），2つの生産要素（労働，資本）が出てきました。ということは，X財の価格，Y財の価格，労働サービスの価格，資本サービスの価格という4つの価格，それらを決める4つの市場を取り上げなくてはいけませんが，「他の事情にして等しいならば（ceteris paribus）」という常套句を用いて，それらの中の1つだけの市場を取り上げ，他の3つの市場を無視することは「部分均衡分析」，4つの市場すべてを同時に取り上げることは「一般均衡分析」とそれぞれ呼ばれています。

第2部 多数の消費者の需要と多数の生産者の供給——需給均衡

26 個別需要曲線から市場需要曲線へ

　1人の消費者の需要曲線は「個別需要曲線」，多数の消費者の需要曲線は「市場需要曲線」とそれぞれ呼ばれています。

　1人の消費者の効用の最大化問題は，一方で有限の予算を持ち，他方で無限の欲望（嗜好）を持っている消費者の合理的選択を問題にしています。効用の最大化を達成する2財の最適な組み合わせ（1人の消費者の主体的均衡）は，ある所与の価格と一定の予算に依存しており，2財のうちの1財の価格が変化すれば，それは消費者の選択可能な財の組み合わせの範囲を変えることになります。

　効用を最大化する2財の組み合わせ（最適消費計画）が満たすべき条件は，「1本の予算線上にある」と「無差別曲線が1本の予算線と接する」であるので，予算線が変わると，最適消費計画は変わります。「X財の価格の変化→X財の最適消費量の変化」を図示したものがX財の「個別需要曲線」です。

　完全競争市場の需要サイドが2人の消費者からなっているとしましょう。2人の消費者にはそれぞれの個別需要曲線があり，たとえばX財の価格が10円のとき（$P_x=10$円），第1消費者が10個，第2消費者が12個それぞれ需要するとしましょう。市場需要曲線は，X財の価格が10円のとき（$P_x=10$円），市場全体が22個（＝10個＋12個）需要していることを示しています。

第3章　1つだけの完全競争市場の均衡——部分均衡分析

【知っておきましょう】 m 人の消費者からなる市場需要曲線

$D=$市場全体の需要量，$P_x=$価格とします。第 i 消費者の個別需要関数は，
$x^i=x^i(P_x : M_0^i)$　　（個別需要関数）
と定式化することができます。m 人の消費者が市場に参加しているならば，
$D=\sum x^i(P_x : M_0^i)$
　　$=D(P_x : M_0^1, M_0^2, \cdots, M_0^i, \cdots, M_0^m)$　　（市場需要関数）
です。表示を単純化すれば，
$D=D(P_x)$　　（市場需要関数）
が得られます。

図 26‑1　個別需要曲線から市場需要曲線へ

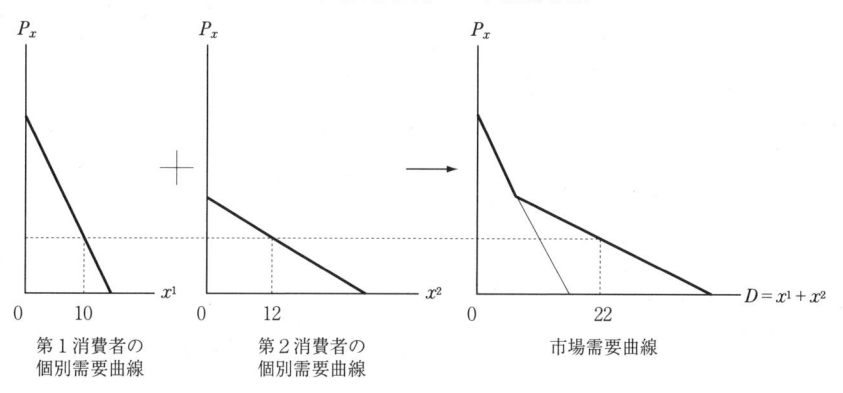

第1消費者の個別需要曲線　　第2消費者の個別需要曲線　　市場需要曲線

(x^1 軸上に 10，x^2 軸上に 12，$D=x^1+x^2$ 軸上に 22)

27 個別供給曲線から市場供給曲線へ

　1人の生産者の供給曲線は「個別供給曲線」，多数の生産者の供給曲線は「市場供給曲線」とそれぞれ呼ばれています。

　縦軸に1生産者の限界収入（MR：完全競争市場下では生産物価格），限界費用（MC），平均変動（可変）費用（AVC）をとり，横軸に1生産者の産出量（y）をとると，限界収入曲線（完全競争市場下では価格線：P），限界費用曲線，平均変動費用曲線はそれぞれ右ページのように図示されます。限界収入曲線（価格線）と限界費用曲線との交点が利潤最大化であり，生産物価格（P）と，各生産物価格が与えられたときの利潤最大化産出量との関係が1生産者の個別供給曲線です。

　個別供給曲線は1生産者の限界費用曲線そのものであるが，右ページに見られるように，個別供給曲線は1生産者の限界費用曲線の右上がりの部分で，かつ操業停止点（生産停止点）より上の部分です。

　完全競争市場の供給サイドが2人の生産者からなっているとしましょう。2人の生産者にはそれぞれの個別供給曲線があり，たとえば財の価格が10円のとき（$P=10$円），第1生産者が12個，第2生産者が10個それぞれ供給するとしましょう。市場供給曲線は，財の価格が10円のとき（$P=10$円），市場全体が22個（＝12個＋10個）供給していることを示しています。

第3章　1つだけの完全競争市場の均衡——部分均衡分析

【知っておきましょう】 n 人の生産者からなる**市場供給曲線**

$S=$市場全体の供給量，$P=$価格とします。第 j 生産者の個別供給関数は，

$y^j = y^j(P : w, r, K_0^j)$　　（個別供給関数）

と定式化することができます。n 人の生産者が市場に参加しているならば，

$S = \sum y^j(P : w, r, K_0^j)$
$ = S(P : w, r, K_0^1, K_0^2, \cdots, K_0^j, \cdots, K_0^n)$　　（市場供給関数）

です。表示を単純化すれば，

$S = S(P)$　　（市場供給関数）

が得られます。

図 27 - 1　個別供給曲線から市場供給曲線へ

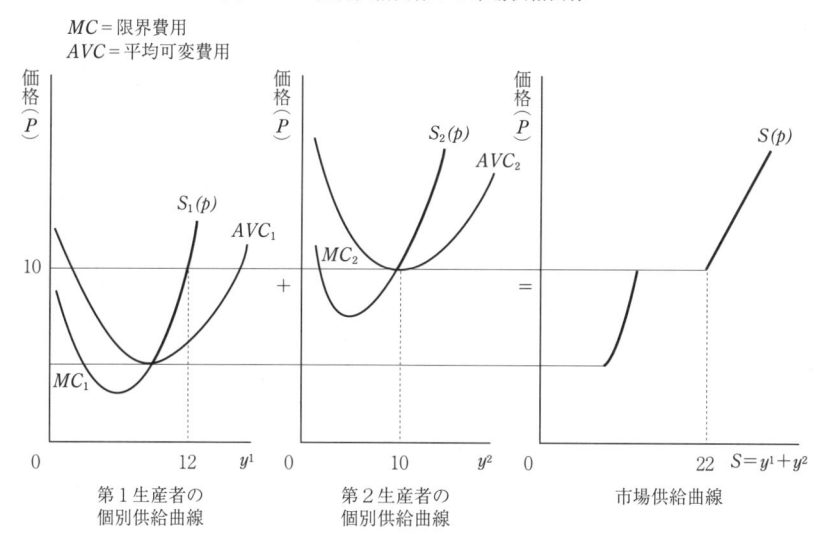

$MC=$限界費用
$AVC=$平均可変費用

第1生産者の
個別供給曲線

第2生産者の
個別供給曲線

市場供給曲線

第2部　多数の消費者の需要と多数の生産者の供給——需給均衡

28　需要・供給曲線の性質——価格弾力性

　需要関数は需要量と価格の関係，供給関数は供給量と価格の関係です。生産物の価格（P）が上昇すれば，一般には，生産物の需要量（D）は減少し，生産物の供給量（S）は増大します。

　「弾力性」は因果関係を問題にし，y（結果）のx（原因）についての弾力性（ε）は，

$$\varepsilon = \frac{\left(\dfrac{dy}{y}\right)}{\left(\dfrac{dx}{x}\right)}$$

と定義されます。xが1％変化したとき，yが何％変化するのかを測るものが弾力性です。

　「価格弾力性」は"価格の変化に対する敏感度"を測る尺度であり，需要量の価格の変化に対する敏感度は「需要の価格弾力性」，供給量の価格の変化に対する敏感度は「供給の価格弾力性」とそれぞれ呼ばれ，右の表28-1，28-2のように定義されています。

【知っておきましょう】　需要の所得弾力性による財の分類

(1)　需要の所得弾力性＜0　　　　　：下級財（劣等財）
(2)　0＜需要の所得弾力性　　　　　：上級財（優等財）
　①　0＜需要の所得弾力性＜1：必需財
　②　1＜需要の所得弾力性　　：奢侈財

第3章 1つだけの完全競争市場の均衡——部分均衡分析

表 28 - 1　需要の価格弾力性 (ε_D)

$$\varepsilon_D = -\frac{\left(\dfrac{dD}{D}\right)}{\left(\dfrac{dP}{P}\right)} = -\left(\frac{需要量の変化率}{価格の変化率}\right)$$

	ε_D の大きさ	需要の価格弾力性	需要曲線の傾き
①	ε_D が大きい　→	弾力的　→	緩やか
②	$\varepsilon_D = \infty$　→	完全弾力的　→	水平
③	ε_D が小さい　→	非弾力的　→	急
④	$\varepsilon_D = 0$　→	完全非弾力的　→	垂直

表 28 - 2　供給の価格弾力性 (ε_S)

$$\varepsilon_S = \frac{\left(\dfrac{dS}{S}\right)}{\left(\dfrac{dP}{P}\right)} = \left(\frac{供給量の変化率}{価格の変化率}\right)$$

	ε_S の大きさ	需要の価格弾力性	需要曲線の傾き
①	ε_S が大きい　→	弾力的　→	緩やか
②	$\varepsilon_S = \infty$　→	完全弾力的　→	水平
③	ε_S が小さい　→	非弾力的　→	急
④	$\varepsilon_S = 0$　→	完全非弾力的　→	垂直

第2部　多数の消費者の需要と多数の生産者の供給──需給均衡

(1) 需要の価格弾力性（ε_D）と需要曲線の傾き $\left(-\dfrac{dP}{dD}\right)$

$$\varepsilon_D = -\frac{\left(\dfrac{dD}{D}\right)}{\left(\dfrac{dP}{P}\right)} = -\left(\frac{dD}{dP}\right)\cdot\left(\frac{P}{D}\right) = \frac{\left(\dfrac{P}{D}\right)}{-\left(\dfrac{dP}{dD}\right)}$$

であるので，需要の価格弾力性（ε_D）と需要曲線の傾き $\left(-\dfrac{dP}{dD}\right)$ は逆の動きをします。つまり，$\left(-\dfrac{dP}{dD}\right)$ は分母にあるので，それが大きくなると，ε_D は小さくなります。ここで，需要曲線は右下がりであり，$\left(\dfrac{dP}{dD}\right)$ はマイナスであるが，$\left(-\dfrac{dP}{dD}\right)$ にするとプラスになることに注意しましょう。

(2) 供給の価格弾力性（ε_S）と供給曲線の傾き $\left(\dfrac{dP}{dS}\right)$

$$\varepsilon_S = \frac{\left(\dfrac{dS}{S}\right)}{\left(\dfrac{dP}{P}\right)} = \left(\frac{dS}{dP}\right)\cdot\left(\frac{P}{S}\right) = \frac{\left(\dfrac{P}{S}\right)}{\left(\dfrac{dP}{dS}\right)}$$

であるので，供給の価格弾力性（ε_S）と供給曲線の傾き $\left(\dfrac{dP}{dS}\right)$ は逆の動きをします。つまり，$\left(\dfrac{dP}{dS}\right)$ は分母にあるので，それが大きくなると，ε_S は小さくなります。

第3章 1つだけの完全競争市場の均衡——部分均衡分析

図28‐1 需要の価格弾力性（ε_D）が大きい
：敏感

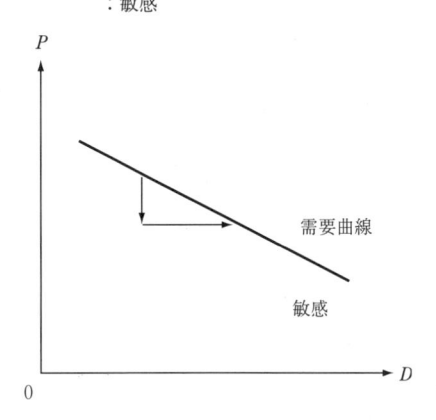

図28‐2 需要の価格弾力性（ε_D）が小さい
：鈍感

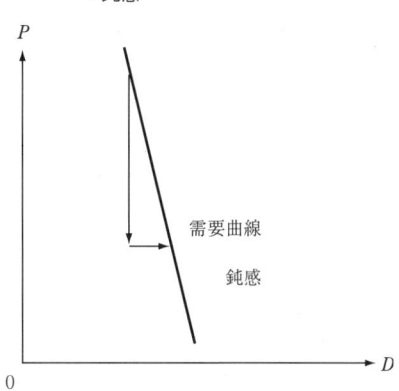

図28‐3 供給の価格弾力性（ε_S）が大きい
：敏感

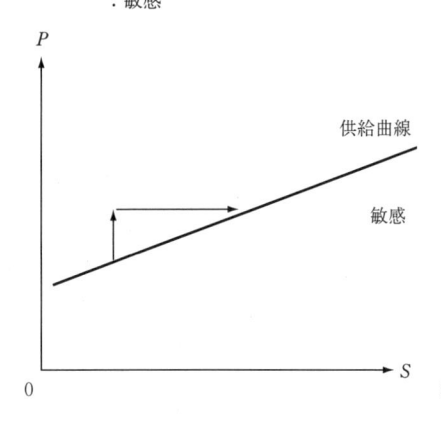

図28‐4 供給の価格弾力性（ε_S）が小さい
：鈍感

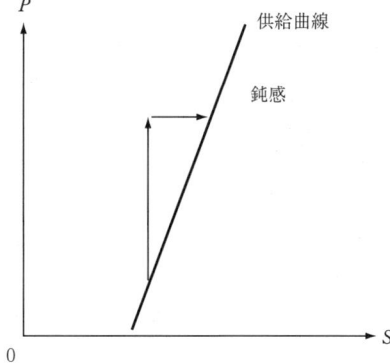

第2部　多数の消費者の需要と多数の生産者の供給——需給均衡

㉙　1つだけの市場の均衡——需要と供給の均衡

　多数の消費者の生産物需要の集計は「生産物市場の需要」，多数の生産者の生産物供給の集計は「生産物市場の供給」とそれぞれ呼ばれています。ここでは，市場需要と市場供給がぶつかり合う生産物市場を取り上げます。

　市場需要関数は市場需要量と価格の関係，市場供給関数は市場供給量と価格の関係です。生産物の価格（P）が上昇すれば，一般には，生産物市場の需要量（D）は減少し，生産物市場の供給量（S）は増大します。つまり，以下のようになります。

$$D = D(P) \qquad \frac{dD}{dP} < 0$$

$$S = S(P) \qquad \frac{dS}{dP} > 0$$

市場需要曲線は価格が上昇すれば需要量が減るので右下がりであり，市場供給曲線は価格が上昇すれば供給量が増えるので右上がりです。

　右下がりの需要曲線と右上がりの供給曲線は交わり，その交点は「市場均衡」と呼ばれ，その価格は均衡価格，その取引量は均衡取引量とそれぞれ呼ばれます。

　市場需要曲線と市場供給曲線の交点は次の3つの意味をもっています。
① 　市場需要曲線上の点は消費者の主体的均衡条件を満たしているので，交点は消費者の効用最大化を達成しています。
② 　市場供給曲線上の点は生産者の主体的均衡条件を満たしているので，交点は生産者の利潤最大化を達成しています。
③ 　交点は「市場需要＝市場供給」の市場均衡条件を満たしています。ただし，ここでは1つだけの市場（生産物市場）を取り上げ，当該市場以外の市場均衡価格を一定と仮定して，当該市場の均衡価格水準の決定のみを問題にしています。

第3章 1つだけの完全競争市場の均衡——部分均衡分析

図29‐1　市場需要曲線と市場供給曲線の交点の3つの意味

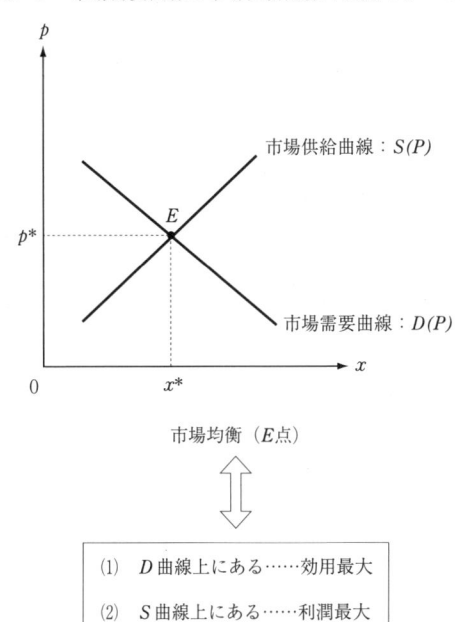

市場均衡（E点）

(1) D曲線上にある……効用最大
(2) S曲線上にある……利潤最大
(3) $D(p^*) = S(p^*)$ ……需給一致

図29‐2　均衡の一意性と複数均衡

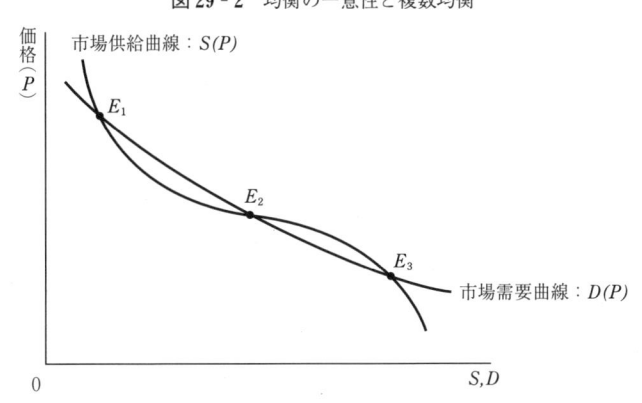

第 2 部　多数の消費者の需要と多数の生産者の供給——需給均衡

【知っておきましょう】　市場均衡分析の課題

① 均衡の存在
　市場需要曲線と市場供給曲線の交点が存在するかどうかが問題です。
② 均衡の一意性と複数均衡
　市場需要曲線と市場供給曲線の交点が 1 つだけであるとは限らない問題です。
③ 均衡の安定性
　均衡が存在しても常にその実現が保証されているとは限らない問題です。

【知っておきましょう】　経済財，非経済財，自由財

① 経済財
　均衡価格水準がプラスである財です。
② 非経済財
　均衡価格水準がマイナスである財です。つまり，お金を払わないと引き取ってもらえない財（例えば，ゴミ）です。
③ 自由財
　価格がゼロでも超過供給になっている財です。誰もが無料で入手できる財です。

第3章 1つだけの完全競争市場の均衡——部分均衡分析

図 29 - 3　均衡の存在：経済財，非経済財，自由財

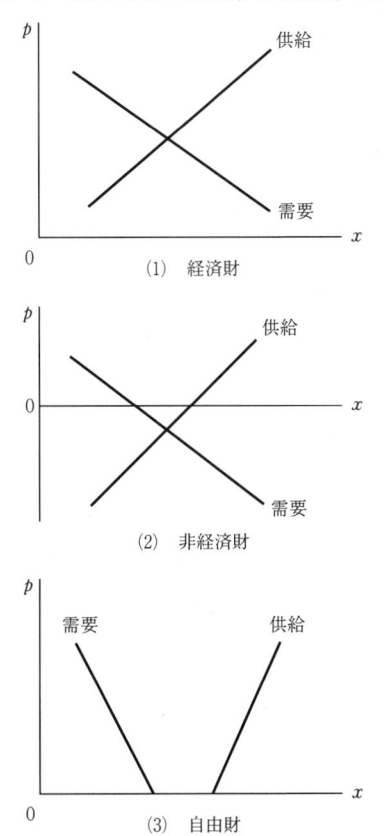

(1) 経済財

(2) 非経済財

(3) 自由財

第2部　多数の消費者の需要と多数の生産者の供給——需給均衡

30　価格による需給調整——ワルラスの価格調整と均衡安定条件

「市場需要（D）＝市場供給（S）」は「市場均衡」，「市場需要（D）＞市場供給（S）」あるいは「市場需要（D）＜市場供給（S）」は「市場不均衡」とそれぞれ呼ばれています。

「市場需要（D）＞市場供給（S）」は「超過需要」

「市場需要（D）＜市場供給（S）」は「超過供給」

とそれぞれ呼ばれ，超過需要のときは価格が上昇することによって，超過供給のときは価格が下落することによって，市場需要と市場供給とが調整され，市場均衡が達成されます。このような調整メカニズムは，「L. ワルラスの価格による需給調整メカニズム」と呼ばれ，次のようなものです。

(1)　超過需要：$D>S$

　　需要＞供給（超過需要）→価格上昇→$\begin{Bmatrix}需要減少\\供給増大\end{Bmatrix}$→需要＝供給（市場均衡）

(2)　超過供給：$D<S$

　　需要＜供給（超過供給）→価格下落→$\begin{Bmatrix}需要増大\\供給減少\end{Bmatrix}$→需要＝供給（市場均衡）

均衡（市場需要曲線と市場供給曲線の交点）から乖離した場合，均衡点は，均衡に復帰する運動要因が存在するとき「安定的」，均衡に復帰する運動要因が存在しないとき「不安定的」とそれぞれ呼ばれています。均衡が安定的となるための条件は「安定条件」と呼ばれ，「ワルラスの安定条件」は「均衡価格より高い価格で超過供給が発生し，均衡価格より低い価格で超過需要が発生する」というものです。逆に，均衡価格より高い価格で超過需要が発生し，均衡価格より低い価格で超過供給が発生する場合，市場均衡は不安定的です。

---【知っておきましょう】　非模索過程---

　均衡への調整過程の途中でも取引が実行される場合は「非模索過程」と呼ばれています。

第3章　1つだけの完全競争市場の均衡——部分均衡分析

図30-1　ワルラスの価格調整

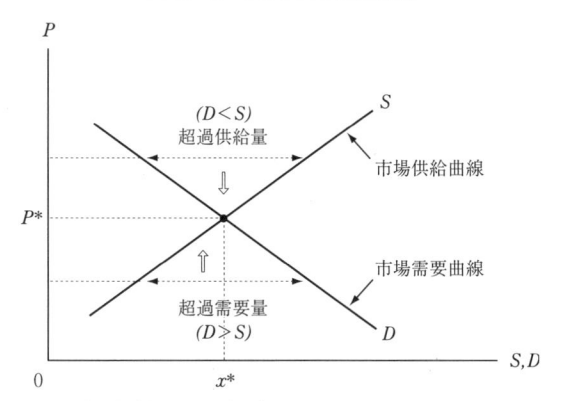

ワルラスの価格による需給調整メカニズム

図を縦方向に見て，

① 超過需要（$D>S$）→価格は上昇します。
② 超過供給（$D<S$）→価格は下落します。

図30-2　ワルラスの安定条件

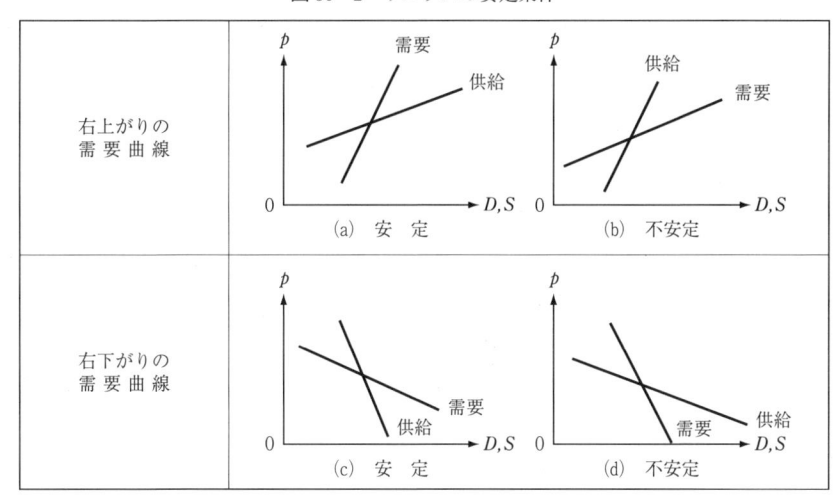

右上がりの 需要曲線	(a) 安定	(b) 不安定
右下がりの 需要曲線	(c) 安定	(d) 不安定

ワルラスの安定条件：$\dfrac{\Delta(D-S)}{\Delta P}<0$

　ワルラスの安定条件は，「均衡が安定的であれば，図を縦方向に見て，価格（P）の上昇が超過需要量（$D-S$）の幅を小さくする」というものです。

31 数量による需給調整
——マーシャルの数量調整と均衡安定条件

L. ワルラスは図を縦軸から横軸へ見ています。つまり，価格（P）から需要量（D），供給量（S）それぞれを決定すると考えています。

$$D=D(P) \qquad S=S(P)$$

対照的に，A. マーシャルは図を横軸から縦軸へ見ています。つまり，買手はすでに購入している数量（X）を見て「需要者価格（P^D）」を，売手はすでに売却している数量（X）を見て「供給者価格（P^S）」をそれぞれ決定すると考えています。

$$P^D=P^D(x) \qquad P^S=P^S(x)$$

需要者価格（P^D）はすでにいくらかを購入していて，さらにもう微少単位追加的に購入しようとするときに支払ってもよいと考える最高価格のことです。いわば，購入財の限界単位に対する買手の評価を表している尺度です。一方，供給者価格（P^S）はすでにいくらかを売却していて，さらにもう微少単位追加的に売却しようとするときに要求する最低価格（対価）のことです。いわば，売却財の限界単位に対する売手の評価を表している尺度です。

「需要者価格（P^D）＝供給者価格（P^S）」は「市場均衡」を意味します。

「需要者価格（P^D）＞供給者価格（P^S）」は「超過需要者価格」

「需要者価格（P^D）＜供給者価格（P^S）」は「超過供給者価格」

とそれぞれ呼ばれ，いずれも「市場不均衡」です。超過需要者価格のときは取引量の増大によって，超過供給者価格のときは減少によって，市場均衡が達成されます。このような調整メカニズムは「A. マーシャルの数量による需給調整メカニズム」と呼ばれています。

第3章　1つだけの完全競争市場の均衡──部分均衡分析

──【知っておきましょう】　マーシャルの数量調整メカニズムと均衡安定条件──
① 超過需要者価格：$P^D > P^S$
　　需要者価格＞供給者価格→取引量増大→$\begin{cases} 需要者価格下落 \\ 供給者価格上昇 \end{cases}$→市場均衡
② 超過供給者価格：$P^D < P^S$
　　需要者価格＜供給者価格→取引量減少→$\begin{cases} 需要者価格上昇 \\ 供給者価格下落 \end{cases}$→市場均衡

均衡（需要者価格曲線と供給者価格曲線の交点）から乖離した場合，均衡点は，均衡に復帰する運動要因が存在するとき「安定的」，均衡に復帰する運動要因が存在しないとき「不安定的」とそれぞれ呼ばれています。均衡が安定的となるための条件は「安定条件」と呼ばれ，「マーシャルの安定条件」は「均衡取引量より大きい数量で超過供給者価格が発生し，均衡取引量より小さい数量で超過需要者価格が発生する」というものです。逆に，均衡取引量より大きい数量で超過需要者価格が発生し，均衡取引量より小さい数量で超過供給者価格が発生する場合，市場均衡は不安定的です。

(1) マーシャルの数量による需給調整メカニズム
　図を横方向に見て，
　① 超過需要者価格（$P^D > P^S$）→取引量は増大します。
　② 超過供給者価格（$P^D < P^S$）→取引量は減少します。

図 31-1　マーシャルの数量調整

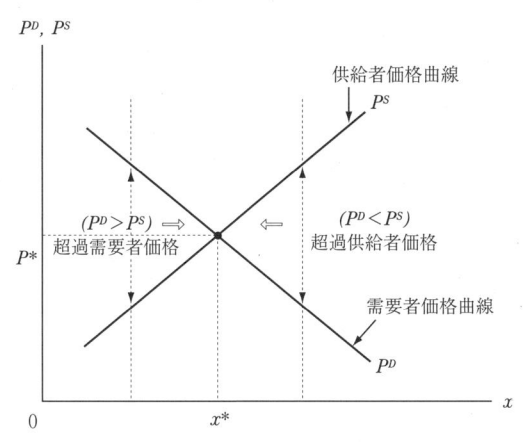

(2) マーシャルの安定条件：$\dfrac{\Delta(P^D - P^S)}{\Delta x} < 0$
　マーシャルの安定条件は，「均衡が安定的であれば，図を横方向に見て，数量（x）の増大が超過需要者価格（$P^D - P^S$）の幅を小さくする」というものです。

32 比較静学——パラメータの変化の均衡への影響

本章のここまでは、市場需要曲線と市場供給曲線の交点は、

$D=S$

$D=D(P) \quad \dfrac{dD}{dP}<0$

$S=S(P) \quad \dfrac{dS}{dP}>0$

で表されています。市場需要関数は市場需要量と価格の関係、市場供給関数は市場供給量と価格の関係です。

いま、市場需要関数が市場需要量（D）と価格（P）・需要曲線シフトパラメータ（a）の関係、市場供給関数が市場供給量（S）と価格（P）・供給曲線シフトパラメータ（b）の関係であるとしましょう。つまり、市場需要曲線と市場供給曲線の交点が以下のように表されるとしましょう。

$D=S$

$D=D(P,\ a) \quad \dfrac{\partial D}{\partial P}<0,\ \dfrac{\partial D}{\partial a}>0$

$S=S(P,\ b) \quad \dfrac{\partial S}{\partial P}>0,\ \dfrac{\partial S}{\partial b}>0$

価格が上昇した、下落したときは需要曲線・供給曲線上の動きであるが、需要曲線のシフトパラメータ（a）が上昇したときは需要曲線の右上方へのシフト、供給曲線のシフトパラメータ（b）が上昇したときは供給曲線の右下方へのシフトをもたらし、市場需要曲線と市場供給曲線の交点（市場均衡点）を変化させることになります。

需要曲線シフトパラメータ（a）、供給曲線シフトパラメータ（b）が変化したときに、市場均衡点がどのように変化するのか、つまり旧均衡点と新均衡点とを比較することが「比較静学」と呼ばれているものです。

第3章　1つだけの完全競争市場の均衡——部分均衡分析

【知っておきましょう】　需要曲線シフトパラメータ(a)と供給曲線シフトパラメータ(b)

「価格消費曲線→個別需要曲線→市場需要曲線」「個別供給曲線（限界費用曲線）→市場供給曲線」であることを考えると，X財の市場需要量（D）・市場供給量（S）がX財の価格（P）だけの関数であるはずはなく，市場需要量（D）はY財の価格，消費者の所得および嗜好などにも依存しています。また，市場供給量（S）は生産技術などにも依存しています。Y財の価格，消費者の所得および嗜好などを「需要曲線シフトパラメータ（a）」，生産技術などを「供給曲線シフトパラメータ（b）」とそれぞれ呼ぶことができます。

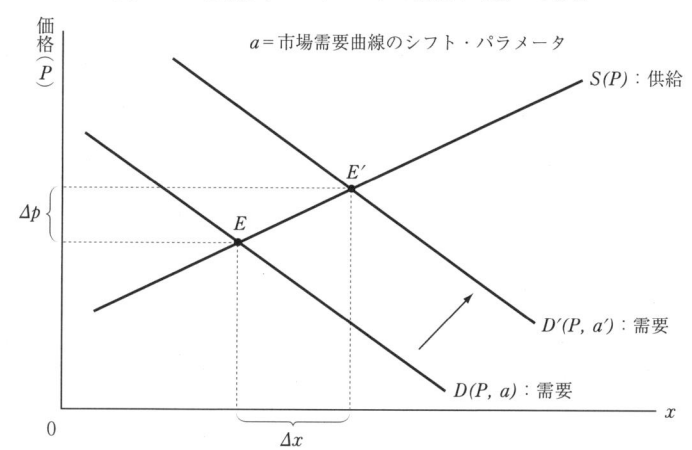

図32-1　比較静学：パラメータの変化の均衡への影響

第2部 多数の消費者の需要と多数の生産者の供給——需給均衡

【知っておきましょう】 比較静学と動学

「比較静学」はパラメータの変化前と変化後の均衡を比較することです。旧均衡から新均衡への移動の時間経路を分析することは「動学」と呼ばれています。「比較静学」はいわば2枚の写真を比較することであり、「動学」は映画です。

【知っておきましょう】 動学と「蜘蛛の巣モデル」

$D = S$

$D = D(P) \quad \dfrac{dD}{dP} < 0$

$S = S(P) \quad \dfrac{dS}{dP} > 0$

においては、需要量・供給量は価格変化に対して瞬間的に調整されると仮定されているが、農産物市場において見られるように、今期の価格が高いとき、種を蒔いて供給量を増やそうとしても、収穫までには時間がかかり、供給量は来期に増えるにすぎません。「蜘蛛の巣モデル」は、

$D_t = S_t$ （需給均衡条件式）

$D_t = D_t(P_t)$ （需要関数）

$S_t = S_t(P_{t-1})$ （供給関数）

と定式化され、「供給量が前期の価格に反応し、需要量が今期の価格に瞬間的に反応する」と仮定すると、旧均衡から新均衡への移動の時間経路は「蜘蛛の巣」のような図が描けます。

第 3 章　1 つだけの完全競争市場の均衡——部分均衡分析

図 32 - 2　蜘蛛の巣モデル

(a)　安　定

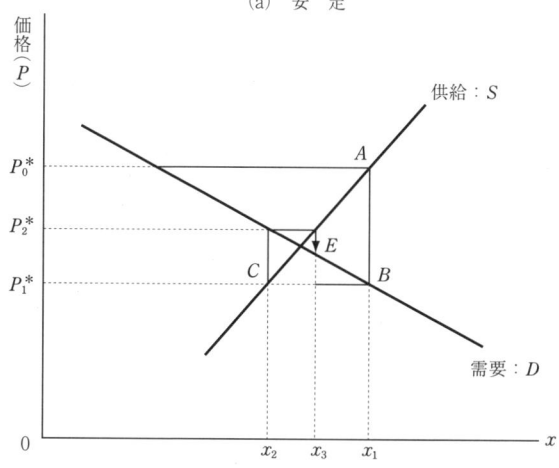

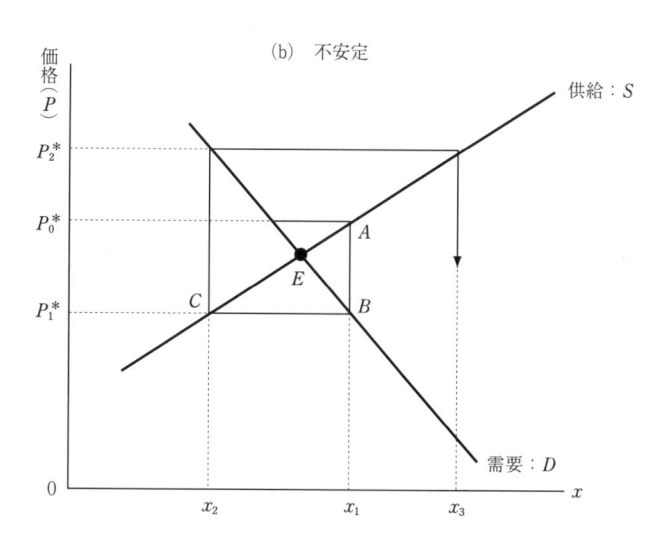

(b)　不安定

第2部　多数の消費者の需要と多数の生産者の供給——需給均衡

第4章　2つ以上の完全競争市場の同時均衡——一般均衡分析

　　第1部の「1人の消費者の需要」「1人の生産者の供給」では2つの生産物（X財，Y財），2つの生産要素（労働，資本）が出てきました。ということは，X財の価格，Y財の価格，労働サービスの価格，資本サービスの価格という4つの価格，それらを決める4つの市場を取り上げなくてはいけませんが，「他の事情にして等しいならば（ceteris paribus）」という常套句を用いて，「第3章　1つだけの完全競争市場の均衡——部分均衡分析」はそれらの中の1つだけの市場の需給均衡を取り上げ，他の3つの市場の需給均衡を無視しています。本章は4つの市場の需給均衡のすべてを同時に取り上げているが，それは，1つだけの市場の需給均衡を取り上げる「部分均衡分析」に対して，「一般均衡分析」と呼ばれています。

33 需要関数・供給関数の性質 ——ゼロ次同次性とニュメレール（基準財）

　1つだけの市場の需給均衡を取り上げている「部分均衡分析」では，「他の事情にして等しいならば」ということで，

$$D = S$$
$$D = D(P)$$
$$S = S(P)$$

と定式化されているが，2つの生産物（X財，Y財），2つの生産要素（労働，資本）といった4財の相互関係を包括的に取り上げている「一般均衡分析」では，需要関数・供給関数は次のように定式化されます。財がn種類（ここでは，$n=4$）あれば，

$$D_i = D_i(P_1, P_2, \cdots, P_n) \qquad i = 1, 2, \cdots, n \quad \text{（需要関数）}$$
$$S_i = S_i(P_1, P_2, \cdots, P_n) \qquad i = 1, 2, \cdots, n \quad \text{（供給関数）}$$

です。ここで，$D_i=$第i市場（第i財：$i=1, 2, \cdots, n$）の需要量，$S_i=$第i市場（第i財）の供給量，$P_i=$第i財の価格です。

　一般均衡分析では，各財の需要・供給が市場に存在するすべての財の価格に依存しています。いま，すべての価格が同一比率で変化した場合を考えると，個別需要量したがって市場需要量は不変です。また，個別供給量したがって市場供給量は不変です。価格変化率を任意の正の数λと表すと，需要関数・供給関数は，

$$D_i(P_1, P_2, \cdots, P_n) = D_i(\lambda P_1, \lambda P_2, \cdots, \lambda P_n)$$
$$S_i(P_1, P_2, \cdots, P_n) = S_i(\lambda P_1, \lambda P_2, \cdots, \lambda P_n)$$

と定式化され，「価格に関してゼロ次同次」です。すべての価格を同一割合で変化させたとき，需要量・供給量が変化しないとき「貨幣錯覚がない」と言われます。

―― 【知っておきましょう】 k 次同次関数 ――

関数 $f(x_1, x_2, \cdots, x_n)$ の各独立変数 $x_1, x_2, \cdots, x_n$ を λ（ラムダ）倍したとき，その関数の値が λ^k 倍になれば，すなわち，

$$f(\lambda x_1, \lambda x_2, \cdots, \lambda x_n) = \lambda^k f(x_1, x_2, \cdots, x_n)$$

になれば，それは「k 次同次関数」と言われます。一般に，λ はいかなる値をもとりえます。

すべての変数を同一割合で変化させたとき変化しない関数は「ゼロ次同次関数」と呼ばれています。

―― 【知っておきましょう】 ニュメレール（基準財） ――

$\lambda = \dfrac{1}{P_n}$ とおくと，需要関数・供給関数は，

$$D_i(P_1, P_2, \cdots, P_n) = D_i\left(\frac{P_1}{P_n}, \frac{P_2}{P_n}, \cdots, \frac{P_{n-1}}{P_n}, 1\right)$$

$$S_i(P_1, P_2, \cdots, P_n) = S_i\left(\frac{P_1}{P_n}, \frac{P_2}{P_n}, \cdots, \frac{P_{n-1}}{P_n}, 1\right)$$

と定式化されます。すなわち，需要関数・供給関数は，第 n 財を基準とした価格（相対価格）のみの関数として表されます。この第 n 財は「ニュメレール（基準財）」と呼ばれています。

34 ワルラスの法則——予算制約式の集計

すべての消費者の予算制約式を集計すれば「ワルラスの法則」と呼ばれる,

$$P_1D_1+P_2D_2+\cdots+P_nD_n\equiv P_1S_1+P_2S_2+\cdots+P_nS_n$$

という関係を得ることができます。「$\equiv$」は恒等式であることを意味しています。左辺はすべての財の需要総額,右辺はすべての財の供給総額であり,上式は「すべての財の需要総額と供給総額が恒等的に等しい」ことを示しています。または「すべての財の超過需要額の合計は恒等的にゼロである」ことを示す,

$$P_1(D_1-S_1)+P_2(D_2-S_2)+\cdots+P_n(D_n-S_n)\equiv 0$$

という関係を得ることができます。

いま,議論の単純化のために,経済が2人の消費者だけからなるものとしま

【知っておきましょう】 均衡式と恒等式

「$x+2=5$」は「$x=3$」のときのみ成立するので「均衡式」と呼ばれています。「$(x+2)^2\equiv x^2+4x+4$」は x がいかなる値であっても成立するので「恒等式」と呼ばれています。

しょう。2人の消費者(第1,2消費者)はそれぞれ2財(X_1, X_2)を交換前にいくらか保有していて,効用最大化を目指しています。

第 i 消費者($i=1, 2$)の効用最大化問題は次のように定式化されます。

Max $\quad U_1=U_1(x_{11}, x_{12})$ (第1消費者の効用最大化)

s.t. $\quad P_1x_{11}+P_2x_{12}\equiv P_1x_{11}^0+P_2x_{12}^0$ (第1消費者の予算制約式)

Max $\quad U_2=U_2(x_{21}, x_{22})$ (第2消費者の効用最大化)

s.t. $\quad P_1x_{21}+P_2x_{22}\equiv P_1x_{21}^0+P_2x_{22}^0$ (第2消費者の予算制約式)

ここで,上添字の0は交換前保有量(一定)であることを意味しています。上記の効用最大化問題から第 i 消費者($i=1, 2$)の g 財($g=1, 2$)に対し,

$x_{1g}=x_{1g}(P_1, P_2 : x_{11}^0, x_{12}^0)$ $\quad g=1, 2$ (第1消費者の需要関数)

$x_{2g}=x_{2g}(P_1, P_2 : x_{21}^0, x_{22}^0)$ $\quad g=1, 2$ (第2消費者の需要関数)

を導出できます。2人の消費者の予算制約式を集計すると,

$$P_1(x_{11}+x_{21})+P_2(x_{12}+x_{22}) \equiv P_1(x_{11}^0+x_{21}^0)+P_2(x_{12}^0+x_{22}^0)$$
$$P_1\{(x_{11}+x_{21})-(x_{11}^0+x_{21}^0)\}+P_2\{(x_{12}+x_{22})-(x_{12}^0+x_{22}^0)\} \equiv 0$$

が得られます。これは，

　　（第1財の超過需要額）＋（第2財の超過需要額）≡0

を意味し，「すべての財の需要総額と供給総額が恒等的に等しい」という「ワルラスの法則」を得ることができました。

【知っておきましょう】（第1財の超過需要額）＋（第2財の超過需要額）≡0

（第1財の超過需要額）＋（第2財の超過需要額）≡ 0
は，つまり
　　① 第1財の超過供給 ⇔ 第2財の超過需要
　　② 第1財の市場均衡 ⇔ 第2財の市場均衡
　　③ 第1財の超過需要 ⇔ 第2財の超過供給
を意味しています。

【知っておきましょう】 ワルラスの法則：純粋交換経済と生産経済

　消費者だけからなっている経済は「純粋交換経済」，消費者と生産者からなっている経済は「生産経済」とそれぞれ呼ばれています。消費者と生産者からなる生産経済下であっても，生産者の利潤は最終的には消費者に配分されます。したがって，すべての消費者の予算制約式を集計することによって「すべての財の需要総額と供給総額が恒等的に等しい」という「ワルラスの法則」を導出できます。

35 一般均衡分析——方程式の数と未知数の数

一般均衡体系の需要関数・供給関数は，

$$D_i = D_i(P_1, P_2, \cdots, P_n) \qquad i=1, 2, \cdots, n \quad （需要関数）$$

$$S_i = S_i(P_1, P_2, \cdots, P_n) \qquad i=1, 2, \cdots, n \quad （供給関数）$$

と定式化され，すべての財の需要と供給とが一致するとき「市場が一般均衡である」と言われます。ですから，一般均衡が成り立つ条件はすべての市場において，

$$D_i(P_1, P_2, \cdots, P_n) = S_i(P_1, P_2, \cdots, P_n) \qquad i=1, 2, \cdots, n$$

となることであり，これらの連立方程式体系を成立させる均衡価格体系（$P_1^*, P_2^*, \cdots, P_n^*$）は「一般均衡価格」と呼ばれています。

一方で，需要関数・供給関数は「価格に関してゼロ次同次」であるので，

$$D_i(P_1, P_2, \cdots, P_n) = D_i\left(\frac{P_1}{P_n}, \frac{P_2}{P_n}, \cdots, \frac{P_{n-1}}{P_n}, 1\right)$$

$$S_i(P_1, P_2, \cdots, P_n) = S_i\left(\frac{P_1}{P_n}, \frac{P_2}{P_n}, \cdots, \frac{P_{n-1}}{P_n}, 1\right)$$

と定式化され，他方で，ワルラスの法則は，

$$P_1(D_1 - S_1) + P_2(D_2 - S_2) + \cdots + P_n(D_n - S_n) \equiv 0$$

と定式化されています。「ワルラスの法則」より，n 本の需給均衡式のうち $(n-1)$ 本の需給均衡式が成立すれば，最後の1本の需給均衡式は自動的に成立するので，一般均衡体系は結局は $(n-1)$ 本の独立な需給均衡式で，$(n-1)$ 個の相対価格 $\left(\frac{P_1}{P_n}, \frac{P_2}{P_n}, \cdots, \frac{P_{n-1}}{P_n}\right)$ を決定する体系です。

財が2種類あれば，一般均衡体系は，

$$D_i = S_i \qquad i=1, 2 \quad （需給均衡式）$$

$$D_i = D_i(P_1, P_2) \qquad i=1, 2 \quad （需要関数）$$

$$S_i = S_i(P_1, P_2) \qquad i=1, 2 \quad （供給関数）$$

です。ここで，$D_i=$ 第 i 財の需要量，$S_i=$ 第 i 財の供給量，$P_i=$ 第 i 財の価格

です。
　需要関数・供給関数は「価格に関してゼロ次同次」であるので，

$$D_i(P_1, P_2) = D_i\left(\frac{P_1}{P_2}, 1\right)$$

$$S_i(P_1, P_2) = S_i\left(\frac{P_1}{P_2}, 1\right)$$

と定式化され，他方で，ワルラスの法則は，

$$P_1(D_1 - S_1) + P_2(D_2 - S_2) \equiv 0$$

と定式化されています。

　市場需給均衡条件式として，2本の方程式（$D_1 = S_1, D_2 = S_2$）がありますが，「ワルラスの法則」より，独立な方程式は1本だけです。「$D_1 = S_1$」あるいは「$D_2 = S_2$」のいずれか1本の需給均衡方程式で1個の未知数「$\frac{P_1}{P_2}$」を決定します。

【知っておきましょう】　方程式の数と未知数の数

　ワルラスは，方程式の数と未知数の数とが等しいならば「一般均衡価格」を得ることができると考えました。ただし，一意の解の存在をテストするのに「方程式と未知数とを数える」方法を用いるときには，次の2つのことを確かめる必要があります。

① ある1つの式を満たすことが他の式を満たすことを妨げないこと。
② 余分な式がないこと。

　しかし，この条件は一般均衡解（一般均衡価格）の存在の必要条件でも，また十分条件でもありません。また，解が存在したとしても非負となる保証はどこにもありません。

第3部　市場の望ましい状態——実証的経済学 vs. 規範的経済学

第5章　1つだけの市場の望ましい状態——部分均衡分析と余剰

　第1,2部は「存在している経済（あるがままの経済）」を問題にし，それは「実証的経済学」または「叙述的経済学」と呼ばれています。「規範的経済学」または「厚生経済学」は「存在すべき経済（あるべき経済）」を問題にし，経済の"望ましさ"を，1つだけの市場を取り上げるときには「余剰」概念で，2つ以上の市場を同時に取り上げるときには「パレート最適」概念で判断します。

　第1,2部では完全競争市場下の消費者行動・生産者行動を学習しましたが，「完全競争市場」を仮定しているのは，それが「効率性の高い（無駄のない）」という意味で"望ましい"経済を達成できるからです。部分均衡分析では，「余剰」が効率性の尺度であり，本章では，政府の規制・干渉のない自由な市場メカニズムが「余剰（経済厚生）の最大化」という意味で"望ましい"経済状態を実現し，逆に政府の規制・干渉のある自由でない市場メカニズムは「経済厚生の損失（死重的損失）」を生むことを学びましょう。

【知っておきましょう】　経済の"望ましさ"：効率性と公平性

　経済の"望ましさ"の評価基準には「効率性」と「公平性」の2つの基準があります。「余剰」・「パレート最適」概念は「効率性」を評価するための基準です。

第 3 部　市場の望ましい状態——実証的経済学 vs. 規範的経済学

36　余剰——消費者余剰と生産者余剰

　「余剰」は，消費者の貨幣の限界効用が一定かつ共通であると仮定したうえで，経済の"望ましさ"（効率性）を金額で評価するための概念です。

　マーシャルの「需要者価格（P^D）」「供給者価格（P^S）」は，
$$P^D = P^D(x) \qquad P^S = P^S(x)$$
と定式化されています。需要者価格（P^D）は購入財の限界単位に対する買手の評価を表している尺度です。一方，供給者価格（P^S）は売却財の限界単位に対する売手の評価を表している尺度です。

(1)　消費者余剰

　実際の取引は「市場均衡価格（P^*）」「市場均衡取引量（x^*）」で行われます。消費者は市場均衡取引量（x^*）までの最初の 1 単位目も，最後の 1 単位目も市場均衡価格で購入しています。一方，消費者は市場均衡取引量に到達する前，つまり実際の取引を行う前に，「模索過程」の中ですでにいくらかを計画購入していて，さらにもう微少単位追加的に購入しようとするときに支払ってもよいと考える最高価格を提示しています。模索過程の中での各計画購入量について需要者価格［$P^D = P^D(x)$］があり，実際の取引が行われるときには，消費者は市場均衡取引量に到達する前の各計画購入量について，支払ってよいと考える最高価格（需要者価格）よりも低い価格（市場均衡価格）で財を入手することができているので，消費者は"支払いが少なく済んで得をした"と思っているでしょう。"支払いが少なく済んで得をした"大きさの集計が「消費者余剰」と呼ばれているものです。

(2)　生産者余剰

　実際の取引は「市場均衡価格（P^*）」「市場均衡取引量（x^*）」で行われます。実際の取引では，生産者は市場均衡取引量（x^*）までの最初の 1 単位目も，最後の 1 単位目も市場均衡価格で売却しています。一方，生産者は市場均衡取引

第5章　1つだけの市場の望ましい状態——部分均衡分析と余剰

量に到達する前，つまり実際の取引を行う前に，「模索過程」の中ですでにいくらかを計画売却していて，さらにもう微少単位追加的に売却しようとするときに要求する最低価格（限界費用）を提示しています。模索過程の中での各計画売却量について供給者価格 $[P^S = P^S(x)]$ があり，実際の取引が行われるときには，生産者は市場均衡取引量に到達する前の各計画売却量について，要求する最低価格（供給者価格）よりも高い価格（市場均衡価格）で財を売却することができているので，生産者は"受け取りが多くて得をした"と思っているでしょう。"受け取りが多くて得をした"大きさの集計が「生産者余剰」と呼ばれているものです。

(3) 社会的総余剰

「消費者余剰」はその財を購入するために支払ってもよいと考えている額から実際に支払った額を差し引いたものの集計であり，市場取引が消費者にどれだけの利益を与えるかを金額で表示したものです。「生産者余剰」は実際に受け取った売却金額からその財を売却するときに要求したい額を差し引いたものの集計であり，市場取引が生産者にどれだけの利益を与えるかを金額で表示したものです。

$$社会的総余剰＝消費者余剰＋生産者余剰$$

であり，「社会的総余剰」は市場取引が社会全体にどれだけの利益を与えるかを金額で表示したものです。

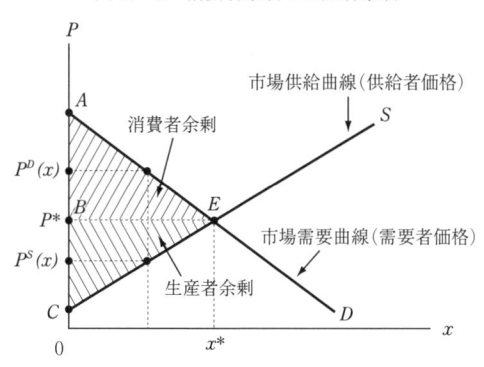

図36-1　消費者余剰と生産者余剰

第3部 市場の望ましい状態——実証的経済学 vs. 規範的経済学

㊲ 政府の規制と余剰——数量規制と価格規制

　政府の規制があると，余剰（消費者余剰，生産者余剰，社会的総余剰）はどのように変化するのでしょうか。以下では，政府の規制として「数量規制」と「価格規制」の2つを取り上げます。

(1) 数量規制：図37‐1

　市場供給量を x' に制限する政府の規制を考えましょう。余剰の変化を調べるには，「実際に支払った価格」「実際に受け取った価格」と「実際の取引量」がいくらであるのかを確認する必要があります。実際の取引量は x' です。「実際に支払った価格」「実際に受け取った価格」は，右下がりの需要曲線（需要者価格曲線）と x' での垂直線の交点である E' 点に対応する P' です。

　　　　取引点：E' 点　　　取引価格：$P'(>P^*)$　　　取引量：$x'(<x^*)$

であり，数量規制が課されると，取引価格は完全競争市場（規制のない市場）下における均衡価格（P^*）より高くなります。

(2) 価格規制：図37‐2

　価格を P' に制限する政府の規制を考えましょう。実際の取引価格（支払・受取価格）は P' です。実際の取引量は「ショートサイドの原理」で決まり，右上がりの供給曲線（供給者価格曲線）と P' での水平線の交点である F 点に対応する x'' です。

　　　　取引点：F 点　　　取引価格：$P'(<P^*)$　　　取引量：$x''(<x^*)$

であり，価格規制が課されると，取引量は完全競争市場（規制のない市場）下における均衡取引量（x^*）より小さくなります。

第5章　1つだけの市場の望ましい状態──部分均衡分析と余剰

【知っておきましょう】　余剰

数量規制下の余剰を完全競争市場（規制のない市場）下の余剰と比べると，

	数量規制下の余剰		完全競争市場下の余剰
消費者余剰	$D'E'P'$	$<$	$D'EP^*$
生産者余剰	$P'E'FS'$	$\lessgtr$	P^*ES'
社会的総余剰	$D'E'FS'$	$<$	$D'ES'$

となります。数量規制が課されると，消費者余剰は減少しますが，生産者余剰は増加することがあるかもしれません。社会的総余剰は減少しますが，完全競争市場下の社会的総余剰と数量規制下の余剰との差額（$E'EF$）は「死重的損失」あるいは「厚生上の損失」と呼ばれ，この大きさを「非効率性（資源配分の無駄）」の尺度にしています。完全競争市場均衡（E 点）は「効率性」の尺度である社会的総余剰を最大にしています。

価格規制下の余剰を完全競争市場（規制のない市場）下の余剰と比べると，

	価格規制下の余剰		完全競争市場下の余剰
消費者余剰	$D'GFP'$	$\lessgtr$	$D'EP^*$
生産者余剰	$P'FS'$	$<$	P^*ES'
社会的総余剰	$D'GFS'$	$<$	$D'ES'$

となります。価格規制が課されると，生産者余剰は減少しますが，消費者余剰は増加することがあるかもしれません。社会的総余剰は減少しますが，完全競争市場下の社会的総余剰と価格規制下の余剰との差額（GEF）は「死重的損失」あるいは「厚生上の損失」と呼ばれ，この大きさを「非効率性（資源配分の無駄）」の尺度にしています。完全競争市場均衡（E 点）は「効率性」の尺度である社会的総余剰を最大にしています。

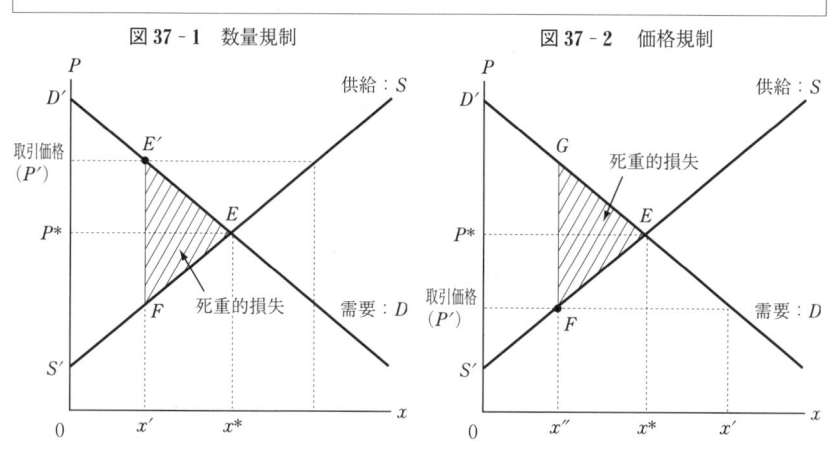

図37‐1　数量規制　　　　　　　図37‐2　価格規制

第 3 部　市場の望ましい状態——実証的経済学 vs. 規範的経済学

38 課税と余剰

　課税は市場の自由な取引に対する政府の干渉です。課税されると余剰はどう変化するのでしょう。課税は，いずれの経済主体に利益，あるいは損失をもたらすのでしょう。課税は，社会全体にとって好ましいのか，それとも好ましくないのでしょうか。以下では，間接税（従量税）を課したときの余剰の変化を見ます。従量税を導入したとき，次のことが必要になります。
① 消費者価格（消費者の支払う価格）と生産者価格（生産者の受け取る価格）を区別する。
② 図示をするときには，縦軸に消費者価格，生産者価格のいずれをとっているのかを明示する。
③ 生産者価格で測った供給者価格曲線と需要者価格曲線，消費者価格で測った供給者価格曲線と需要者価格曲線の 4 つを区別する。
④ 市場均衡価格は消費者価格，生産者価格のいずれで測られたものであるかを理解する。
⑤ 余剰を計算するときには，同じ価格（消費者価格，生産者価格）で測る。つまり，限界単位について，以下の通りです。
　消費者余剰＝需要者価格－市場均衡価格（ともに消費者価格で測る）
　生産者余剰＝市場均衡価格－供給者価格（ともに生産者価格で測る）
　P'＝生産者価格（生産者の受け取る価格），P＝消費者価格（消費者の支払う価格），t＝従量税（生産物 1 単位当たり t 円の税金）とすると，
$$P = P' + t$$
です。図の縦軸に消費者価格（P）をとると，課税後の市場需要曲線（D）は課税前のそれと同じです。また，課税後の市場供給曲線（S'）は課税前のそれ（S）を上へ t シフトさせたものです。
　　　　E 点＝課税前（消費者価格＝生産者価格）の市場均衡点
　　　　D 点＝課税後の消費者価格で測った市場均衡点
であり，

P_1^*＝消費者価格で測った市場均衡価格

$P_1'^*$＝生産者価格で測った市場均衡価格＝P_1^*-t

です。

課税前の余剰は，

　　消費者余剰：AEP^*　　生産者余剰：P^*EC　　社会的総余剰：AEC

であり，課税後の余剰は，

　　消費者余剰：ADP_1　　生産者余剰：$P_1'^*FC$

　　社会的総余剰：$ADFC(=AEC-DEF)$　　従量税（税収）：$P_1^*DFP_1'^*$

です。DEFは従量税による「死重的損失（社会全体の非効率性）」であり，それはとくに「税の超過負担」と呼ばれています。というのは，国民は全体として$P_1^*DFP_1'^*$の大きさの従量税を負担しているのみならず，従量税賦課によるDEFの大きさの死重的損失を余計に負担しているからです。

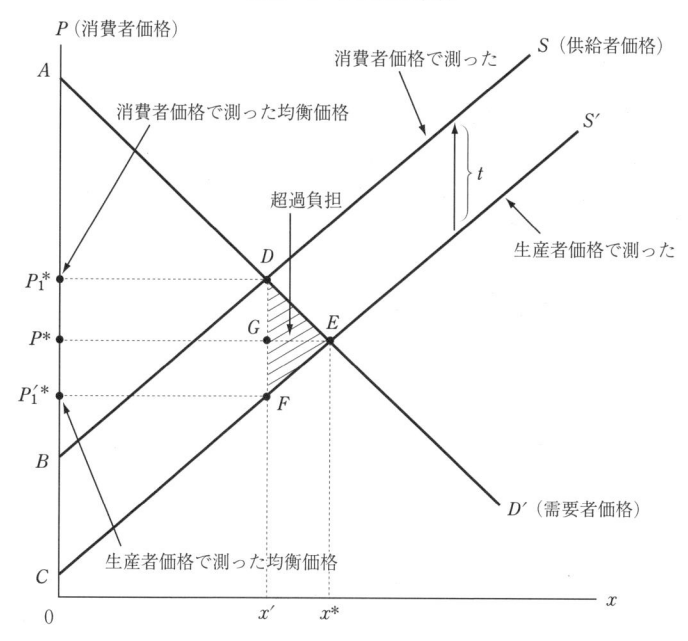

図38-1　従量税と余剰

39 間接税の負担比率と需要・供給の価格弾力性——租税の帰着

租税の負担の最終的帰着は「租税の帰着」と呼ばれています。

消費者の負担 $(DG) = P_1{}^* - P^*$
　　　　　　　　＝課税後の均衡消費者価格－課税前の市場均衡価格

生産者の負担 $(GF) = P^* - P_1'{}^*$
　　　　　　　　＝課税前の市場均衡価格－課税後の均衡生産者価格

であり，$\dfrac{消費者の負担\ (DG)}{生産者の負担\ (GF)}$ は「負担比率」と呼ばれています。

$$負担比率 = \frac{DG}{GF} = \frac{供給の価格弾力性(\varepsilon_S)}{需要の価格弾力性(\varepsilon_D)}$$

であり，価格変化に敏感な（価格弾力性の高い）人ほど租税の負担は小さく，価格変化に鈍感な（価格弾力性の小さい）人ほど負担は大きいことがわかります。

需給曲線を E 点を支点とした「はさみ」とみなせば，次のことが容易に理解できるでしょう。

① 供給の価格弾力性 $(\varepsilon_S) = \infty$（水平の供給曲線）のとき

$$負担比率 = \frac{消費者の負担}{生産者の負担} = \frac{\varepsilon_S}{\varepsilon_D} = \infty$$

であり，租税の負担は100％消費者負担です。

② 需要の価格弾力性 $(\varepsilon_D) = \infty$（水平の需要曲線）のとき

$$負担比率 = \frac{消費者の負担}{生産者の負担} = \frac{\varepsilon_S}{\varepsilon_D} = 0$$

であり，租税の負担は100％生産者負担です。

① 消費者の負担率 $= \dfrac{DG}{DF}$

② 生産者の負担率 $= \dfrac{GF}{DF}$

$$負担比率 = \frac{\left(\dfrac{DG}{DF}\right)}{\left(\dfrac{GF}{DF}\right)}$$

$$= \frac{消費者の負担\ (DG)}{生産者の負担\ (GF)}$$

第5章 1つだけの市場の望ましい状態——部分均衡分析と余剰

---【知っておきましょう】 課税政策---

(1) 直接税と間接税
　① 直接税
　　納税者が他の経済主体に課税を転嫁できないことを想定した税
　② 間接税
　　納税者が他の経済主体に課税を転嫁できることを想定した税
(2) 従量税と従価税
　① 従量税
　　取引量を課税ベースとする間接税
　② 従価税
　　価格・額を課税ベースとする間接税

図39-1　間接税の負担比率と需要・供給の価格弾力性

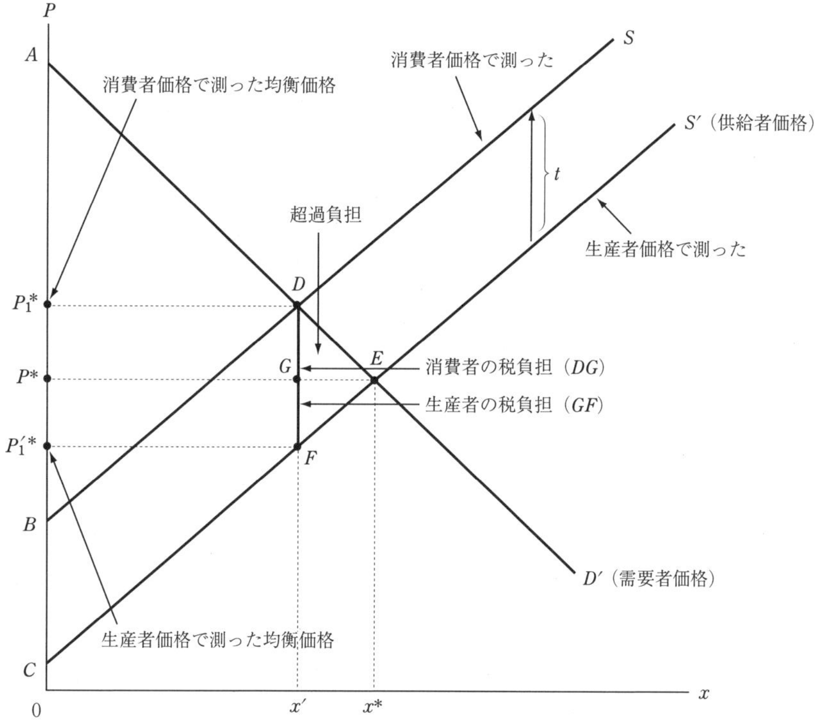

第3部　市場の望ましい状態——実証的経済学 vs. 規範的経済学

第6章　2つ以上の市場の望ましい状態——一般均衡分析とパレート最適

　市場全体の中から1つだけの市場の均衡を分析するのがマーシャルの部分均衡分析であり，全市場の同時均衡を包括的に分析するのがワルラスの一般均衡分析です。異なった経済状態の経済厚生を評価するための概念として，「余剰の最大化」（部分均衡分析）と「パレート最適」（一般均衡分析）があるが，選好関係（序数）は効用（基数）よりもより弱い仮定に依存しているので，パレート最適概念は余剰概念よりも優れています。

　「パレート基準」とはベクトル（複数の要素をもつ経済状態）の効率性を比較するための基準のことです。ベクトルで示されるある経済状態があり，選択可能集合の中からその経済状態よりもパレートの意味で優れたものを選択できないとき，その経済状態は「パレート最適」であると言われています。

第3部 市場の望ましい状態——実証的経済学 vs. 規範的経済学

㊵ パレート基準とパレート最適

1財だけの市場を取り上げるときには，経済の"望ましさ（効率性）"は「余剰」概念で判断され，「余剰」概念は金額表示であるので，余剰を数値ベースで計算することができます。例えば，余剰の値をいま20，30，35とします。20＋30＝50（20と30の合計は50），20×1.5＝30（30は20の1.5倍）と計算できます。

2財のケースでは，x＝肉の消費量，y＝野菜の消費量，U＝効用とおくと，1人の消費者の効用関数は，

$$U = U(x, y)$$

と定式化されます。いま X，Y 財（肉と野菜）の3つの組み合わせA，B，Cを考え，それらの組み合わせからの効用（序数的効用）を次のようにします。

A：20＝$U(2, 3)$　　B：30＝$U(3, 3)$　　C：20＝$U(3, 2)$

3つの組み合わせA，B，Cに対する選好の順番は，Bが一番選好され，次にAとCが等しく選好されるというものであるが，このような序数的効用は消費者が1人であるから言えることです。

3つの組み合わせA，B，Cがそれぞれ異なった消費者によって消費されるときは，人の嗜好はさまざまであるので，$(2, 3)$，$(3, 3)$，$(3, 2)$ といったベクトルを比較するための基準として「パレート基準」が必要です。3つの組み合わせA，B，Cを「パレート基準」で比較すると，「AとBではBの方が優れています」「BとCではBの方が優れています」「AとCは比較できません」ということになります。

次に，2人の消費者を取り上げ，それぞれの効用関数を，

$$U_1 = U(x_1, y_1) \qquad U_2 = U(x_2, y_2)$$

と定式化しましょう。社会全体には $x_0 (= x_1 + x_2)$，$y_0 (= y_1 + y_2)$ の資源（財）があり，いまそれを2人の消費者の間で配分することを考えましょう。どのような配分が「効率性が高い（資源の無駄がない）」，どのような配分が「効率性が低い（資源の無駄がある）」のでしょうか。

2つの財 X，Y を2人の消費者に配分したときに，横軸に第1消費者の効用，

第6章 2つ以上の市場の望ましい状態——一般均衡分析とパレート最適

縦軸に第2消費者の効用をそれぞれとったものは「効用空間（効用可能領域）」と呼ばれています。「効用可能性曲線」の内側にある U_1, U_2 の組み合わせにおいては，第2消費者の効用を低下させることなく，第1消費者の効用を増加させることができ，また逆に第1消費者の効用を低下させることなく，第2消費者の効用を増加させることができます。しかし，「効用可能性曲線」上にある U_1, U_2 の組み合わせ（例えば，b）においては，一方の消費者の効用を低下させることなしには，他方の消費者の効用を増加させることはできません。

b に対応する

$$U_1^b = U(x_1^b, y_1^b) \qquad U_2^b = U(x_2^b, y_2^b)$$

があります。$x_0(=x_1^b+x_2^b)$，$y_0(=y_1^b+y_2^b)$ といった X, Y 財の2人の消費者の間での配分は，一方の消費者を良くしようとすると他方の消費者を悪くしなければならないほどに，無駄なく（効率的に）配分されていて，「パレート最適」配分と呼ばれています。

図40-1　パレート基準

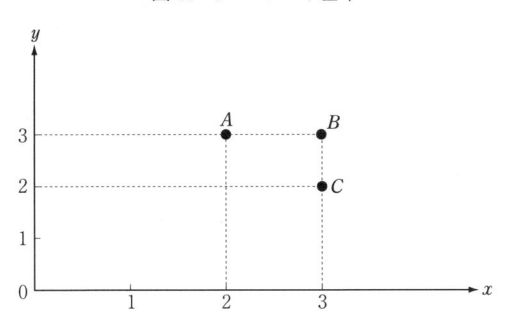

図40-2　パレート最適

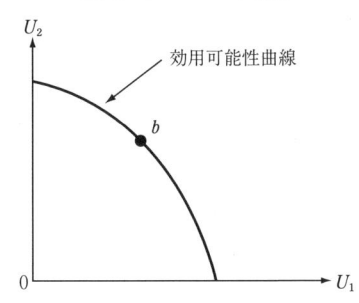

第3部　市場の望ましい状態——実証的経済学 vs. 規範的経済学

㊶ 純粋交換経済下の一般均衡分析とパレート最適

　消費者だけからなっている経済は「純粋交換経済」と呼ばれ，ここでは社会全体が2人の消費者からなっているとしましょう。

　2財 (X_1, X_2) だけが存在するとし，第 i 消費者（$i=1$, 2）の効用最大化問題が次のように定式化されているとしましょう。

　　　　Max　$U_1=U_1(x_{11}, x_{12})$　　　　（第1消費者の効用最大化）
　　　　s.t.　$P_1 x_{11} + P_2 x_{12} \equiv P_1 x_{11}^0 + P_2 x_{12}^0$　（第1消費者の予算制約式）
　　　　Max　$U_2=U_2(x_{21}, x_{22})$　　　　（第2消費者の効用最大化）
　　　　s.t.　$P_1 x_{21} + P_2 x_{22} \equiv P_1 x_{21}^0 + P_2 x_{22}^0$　（第2消費者の予算制約式）

ここで，上添字の0は交換前保有量（一定）であることを意味しています。

　2財 (X_1, X_2) の消費量と効用（満足感）の関係は3次元の図になるが，これを2次元の平面に表したものが「無差別曲線」であり，右ページの図は第1消費者，第2消費者それぞれの無差別曲線を示しています。第1消費者は (x_{11}^0, x_{12}^0)，第2消費者は (x_{21}^0, x_{22}^0) といった一定量の2財を持って互いに出会い，第1, 2消費者はそれらを交換しあってより高い効用を得ようとしています。図中には (x_{11}^0, x_{12}^0) を W_1 点，(x_{21}^0, x_{22}^0) を W_2 点でそれぞれ示しています。

　第2消費者の無差別曲線群を180度回転し，第2消費者の W_2 点 (x_{21}^0, x_{22}^0) が第1消費者の W_1 点 (x_{11}^0, x_{12}^0) に重なるように作図した箱型の図は「（純粋交換経済下の）エッジワースのボックス・ダイヤグラム」と呼ばれています。ボックス・ダイヤグラムの横軸の長さは2人の消費者が交換前に保有していた X_1 財の合計 ($x_{11}^0 + x_{21}^0 = x_1^0$) を，縦軸の長さは2人の消費者が交換前に保有していた X_2 財の合計 ($x_{12}^0 + x_{22}^0 = x_2^0$) をそれぞれ表しています。

　エッジワースのボックス・ダイヤグラムの中で，第1消費者の無差別曲線群と第2消費者の無差別曲線群が互いに接する点の軌跡は「契約曲線」と呼ばれ，「パレート最適配分」を表しています。つまり，契約曲線上のある財配分から

第6章 2つ以上の市場の望ましい状態──一般均衡分析とパレート最適

図 41 - 1　純粋交換経済下のエッジワースのボックス・ダイヤグラム

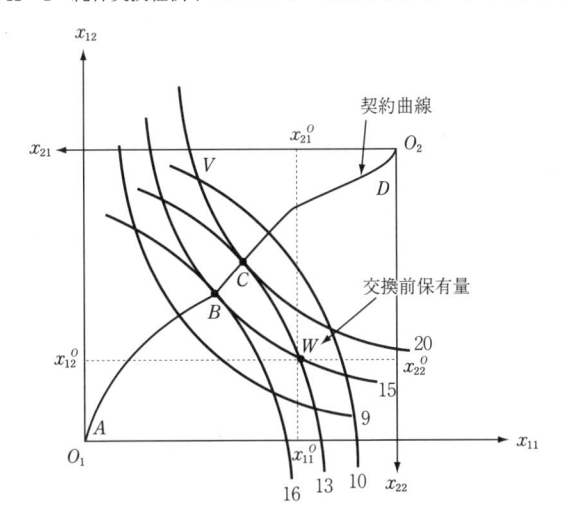

契約曲線

交換前保有量

180度回転

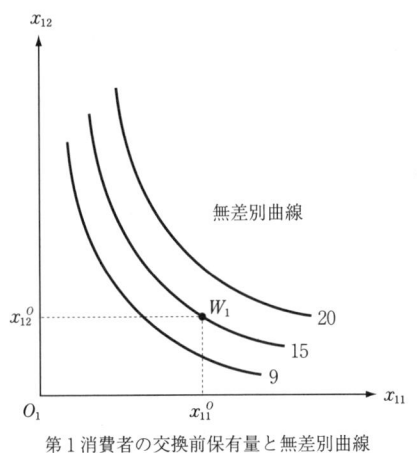

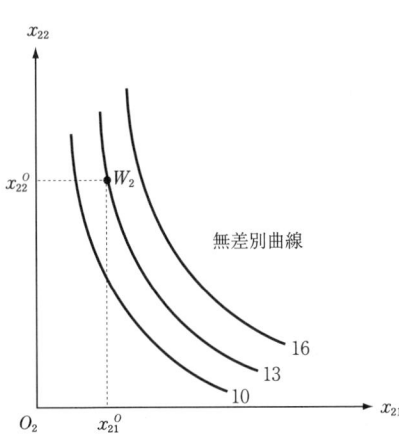

第1消費者の交換前保有量と無差別曲線　　　第2消費者の交換前保有量と無差別曲線

113

一方の消費者の効用を高めようとすると，他方の消費者の効用を低めなくてはいけません。

① 第1，2消費者の交換前の第1，2財の保有量

$W_1 = (x_{11}^0, x_{12}^0)$　　（第1消費者の交換前保有量）

$W_2 = (x_{21}^0, x_{22}^0)$　　（第2消費者の交換前保有量）

② ボックスの横軸の長さ

$x_{11}^0 + x_{21}^0 = x_1^0$　　（第1財の賦与量）

③ ボックスの縦軸の長さ

$x_{12}^0 + x_{22}^0 = x_2^0$　　（第2財の賦与量）

縦軸，横軸に財の消費量をとったエッジワースのボックス・ダイヤグラム（財空間）を，横軸に U_1，縦軸に U_2 をそれぞれとった図（効用空間）に変換します。第1，2消費者の無差別曲線の水準の高さ（効用水準）に任意の数字（序数）を割り当てます。例えば，$U_1 = 9, 15, 20$，$U_2 = 10, 13, 16$ です。

契約曲線上の点，例えば，

B点：$U_1(x_{11}^B, x_{12}^B) = 15$，$U_2 = U_2(x_{21}^B, x_{22}^B) = 16$

C点：$U_1(x_{11}^C, x_{12}^C) = 20$，$U_2 = U_2(x_{21}^C, x_{22}^C) = 13$

を取り上げましょう。これらを横軸に U_1，縦軸に U_2 をそれぞれとった図（効用空間）に，

B′点 = (15, 16)

C′点 = (20, 13)

としてプロットしたものが「効用可能性曲線」と呼ばれているものです。効用可能性曲線上では，2人の消費者はパレート最適状態にあります。効用可能性曲線の原点に対する凹性・凸性は効用関数の定式化に依存し不明です。

第6章 2つ以上の市場の望ましい状態——一般均衡分析とパレート最適

【知っておきましょう】 純粋交換経済下のパレート最適条件

$MRS^1_{12} = MRS^2_{12}$ 　　（第1, 2消費者の限界代替率の均等）

$x_{11} + x_{21} = x^0_{11} + x^0_{21} = x^0_1$ 　　（第1財の完全利用）

$x_{12} + x_{22} = x^0_{12} + x^0_{22} = x^0_2$ 　　（第2財の完全利用）

図41-2　効用可能性曲線：財空間から効用空間へ

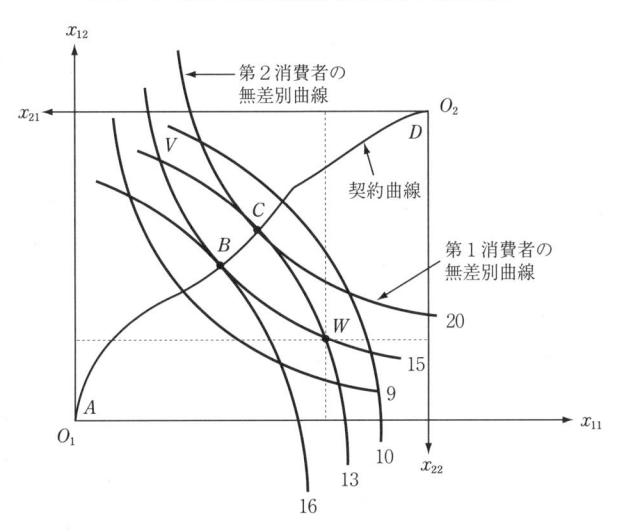

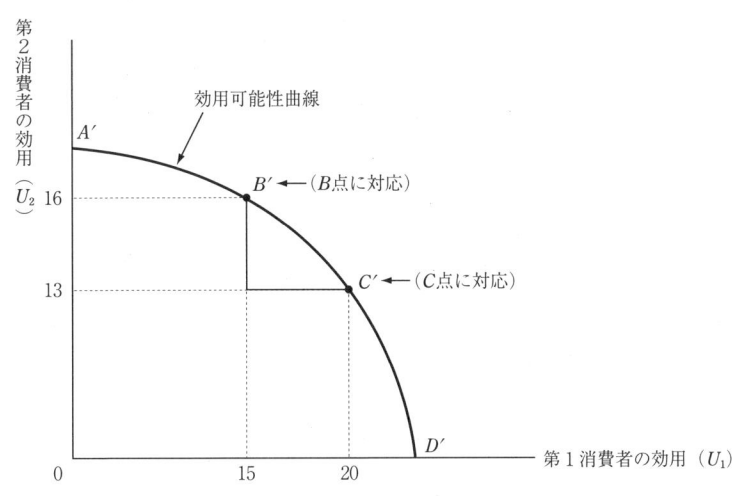

㊷ 生産経済下の一般均衡分析とパレート最適

「純粋交換経済」は財の生産を行わず交換だけを行う経済です。「生産経済」は生産，交換の両方を行っていて，生産者は生産要素の配分問題に，消費者は財の配分問題にそれぞれ直面しています。単純化のために，2人の消費者，2人の生産者，2つの生産要素，2つの財貨・サービスから構成される生産経済を考えましょう。

「消費者の選択行動」「生産者の選択行動」両理論の論理構造はたいへんよく似ているので，本書では「第1章消費者の選択行動：1人の消費者の需要」と「第2章生産者の選択行動：1人の生産者の供給」を，次のように1対1で対応させながら学習しています。

消費者の選択行動	生産者の選択行動
消費者	生産者
2財（肉と野菜：X_1, X_2）	2生産要素（労働と資本：L, K）
効用関数：$U=U(x_1, x_2)$	生産関数：$y=f(L, K)$
限界効用： $MU_1=\dfrac{\partial U}{\partial x_1}$ $MU_2=\dfrac{\partial U}{\partial x_2}$	限界生産力： $MP_L=\dfrac{\partial y}{\partial L}$ $MP_K=\dfrac{\partial y}{\partial K}$
無差別曲線（等効用曲線）	等産出量曲線
限界代替率： $MRS_{12}=\dfrac{MU_1}{MU_2}$	技術的限界代替率： $MRST_{LK}=\dfrac{MP_L}{MP_K}$

2財，2人の消費者からなる純粋交換経済下のエッジワースのボックス・ダイヤグラムの作図と同様に，2生産要素（労働と資本：L, K），2人の生産者のボックス・ダイヤグラムを作図しましょう。つまり社会に存在している一定の生産要素量（$L_1+L_2=L^0$，$K_1+K_2=K^0$）のうち，どれだけを X_1, X_2 それぞれの財の生産に振り向ければよいのかの「生産の最適編成」図を作図しましょう。ここで，上添字の 0 は一定であることを意味しています。X_2 財生産者の等産

第6章　2つ以上の市場の望ましい状態────一般均衡分析とパレート最適

図 42-1　生産経済のボックス・ダイヤグラム

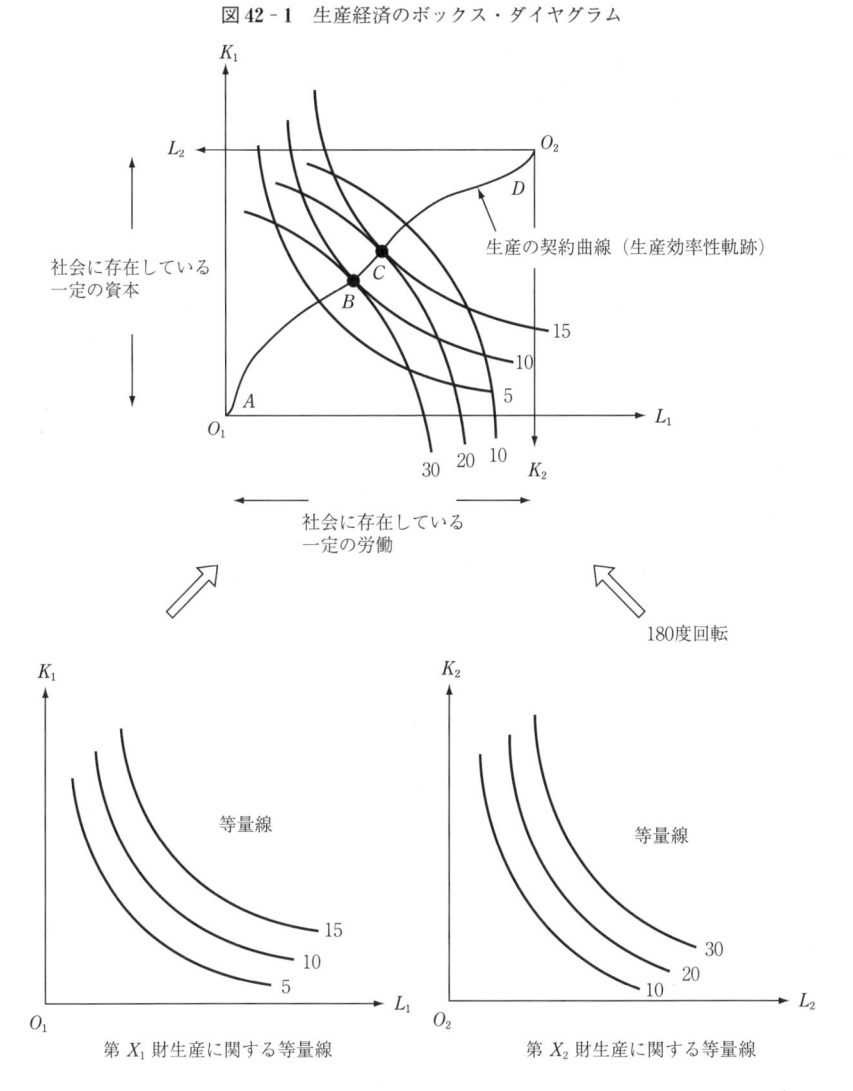

出量曲線群を180度回転し、ボックス・ダイヤグラムの横軸の長さが $L_1+L_2=L^0$, 縦軸の長さが $K_1+K_2=K^0$ にそれぞれなるように、X_1 財生産者の等産出量曲線群に重なるように作図した箱型の図は「生産のボックス・ダイヤグラム」と呼ばれています。ボックス・ダイヤグラムの中で、X_1 財生産者の等産出量曲線群と、X_2 財生産者の等産出量曲線群が互いに接する点の軌跡は「生産効率性軌跡」と呼ばれ、「生産要素のパレート最適配分」を表しています。

「生産経済」においては、生産者は生産要素の配分問題に、消費者は財の配分問題にそれぞれ直面しています。「生産要素のパレート最適配分」は「効率性（資源配分の無駄がない）」の基準からは望ましい配分であるが、それが1つではないことに注意しなければいけません。また、「財のパレート最適配分」は「効率性（資源配分の無駄がない）」の基準からは望ましい配分であるが、それが1つではないことに注意しなければいけません。「生産要素のパレート最適配分」、「財のパレート最適配分」は生産者、消費者のそれぞれの最適配分問題の解であるが、「生産経済」の完全なパレート最適のためには、「生産要素のパレート最適配分」、「財のパレート最適配分」に加えて、生産点での「限界変形率」が消費点での「限界代替率」に等しくなければなりません。

【知っておきましょう】　生産可能性曲線：生産要素空間から財空間へ

「効用可能性曲線」は縦軸、横軸に財の消費量をとったエッジワースのボックス・ダイヤグラム（財空間）を、横軸に U_1、縦軸に U_2 をとった図（効用空間）に変換したものです。同様にして、縦軸、横軸に生産要素量をとったボックス・ダイヤグラム（生産要素空間）を、横軸に X_1 財、縦軸に X_2 財をとった図（財空間）に変換したものは「生産可能性曲線」と呼ばれています。「生産可能性曲線」の傾きは「限界変形率」と呼ばれています。

第6章 2つ以上の市場の望ましい状態――一般均衡分析とパレート最適

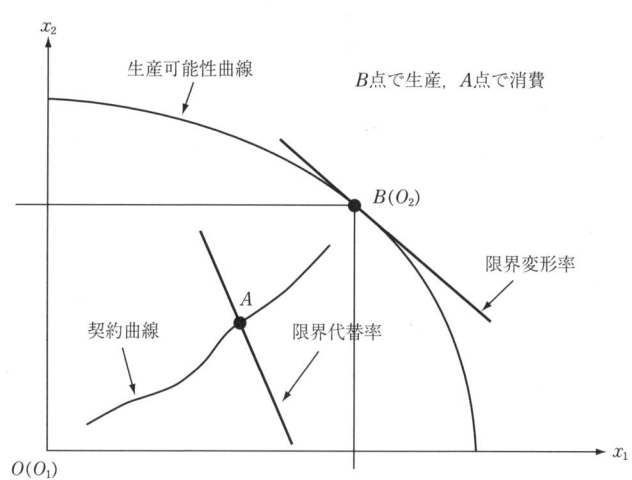

―【知っておきましょう】 生産経済下のパレート最適条件 ―

生産経済は資源(生産要素)配分問題と財貨・サービス配分問題の両方を解決する必要があります。

① 生産のパレート最適条件：X_1, X_2 生産者の技術的限界代替率の均等

$$MRST_{LK}^1 = MRST_{LK}^2$$

② 消費のパレート最適条件：第1, 2消費者の限界代替率の均等

$$MRS_{12}^1 = MRS_{12}^2$$

③ 全体のパレート最適条件：限界変形率と限界代替率の均等

$$MRT_{12} = MRS_{12}^1 = MRS_{12}^2$$

図42-2 生産経済下のパレート最適条件

第3部 市場の望ましい状態——実証的経済学 vs. 規範的経済学

㊸ 厚生経済学の基本定理

　第1, 2部はあるがままの経済を問題にし，それは「実証的経済学」「叙述的経済学」と呼ばれています。あるべき経済（望ましい経済）を問題にするのが「規範的経済学」「厚生経済学」と呼ばれているものです。
　第1, 2部では完全競争市場下の消費者行動・生産者行動を学習しましたが，「完全競争市場」を仮定しているのは，それが「効率性の高い（無駄のない）」という意味で"望ましい"経済を達成できるからです。経済の"望ましさ"は，1つだけの市場を取り上げるときには「余剰」概念で，2つ以上の市場を同時に取り上げるときには「パレート最適」概念でそれぞれ判断されています。干渉のない自由な市場メカニズムが「パレート最適」という意味で"望ましい"経済状態を実現するのは，「厚生経済学の基本定理」として知られている次の2つの定理で述べられています。
(1) 厚生経済学の第1基本定理
　「完全競争市場均衡はパレート最適である。」
(2) 厚生経済学の第2基本定理
　「任意のパレート最適配分は，まずは交換前の保有量を再配分し，次に完全競争市場均衡として実現される。」
　上記の2つの基本定理の意味は次のとおりです。

(1) 厚生経済学の第1基本定理：図41－1参照
　エッジワースのボックス・ダイヤグラムで考えましょう。ボックス・ダイヤグラム内部の点で，「契約曲線」上にあるA, B, C, D…点のみがパレート最適点です。2人の消費者が市場で交換取引を始める前はW点にいたとしましょう。「第1基本定理」は，交換取引を始める前は無駄があるという意味で「パレート最適でない状態」（ここでは，例えばW）であったしても，完全競争市場メカニズムに従った交換取引によって最終的に実現される状態（完全競争市場均衡配分）は「契約曲線」上にあるA, B, C, D…点のいずれかのパレート最適配分

であることを意味しています。つまり，完全競争市場に委ねておくと「効率性の高い（無駄のない）」配分を実現することができます。

(2) 厚生経済学の第2基本定理：図41-1参照

経済の"望ましさ"の評価基準には「効率性」と「公平性」の2つの基準があり，「契約曲線」上にあるA，B，C，D…点はいずれも「効率性」の観点からは望ましいものであるが，「公平性」の観点からは望ましくないものがあります。つまり，A，B，C，D点のいずれもパレート最適配分であるが，A点は第1消費者の2財の消費量はゼロ，逆にD点は第2消費者の2財の消費量はゼロです。また，B点は第2消費者の2財の消費量がやや多め，逆にC点は第1消費者の2財の消費量がやや多めです。A点，D点は「効率性（資源配分の無駄がない）」の基準からは望ましい配分であるが，「公平性」という基準からはきわめて不公平な配分です。B点からC点へ変わることが公平性の基準から望ましいとしたときに，どのようにすればB点からC点へ変わることができるのでしょうか。2人の消費者が交換取引を始める前はW点にいて，完全競争市場メカニズムに従った交換取引によって最終的にB点を実現できるとしましょう。しかし，B点は「公平性」の観点からは望ましくないものであるので，「公平性」の観点から「契約曲線」上にあるC点を実現したいと思ったとしましょう。「第2基本定理」は，実現したいパレート最適配分（C点）において互いに接している第1，2消費者の無差別曲線が共有する接線上の任意の点（W'）へ，交換前の保有状態をW点から変更し，あとは完全競争市場メカニズムに従った交換取引によって，C点を完全競争市場均衡として実現することができることを意味しています。

【知っておきましょう】　完全競争市場均衡

2人の消費者，2つの財の純粋交換経済モデルの「完全競争市場均衡」は，次の2つの条件を満たす価格と配分の組として定義されます。
① 第1，2消費者が効用を最大にしていること。
② 財の需給が一致していること（ワルラスの法則により1つの財市場のみ独立です）。

第3部 市場の望ましい状態——実証的経済学 vs. 規範的経済学

44 純粋交換経済下における完全競争市場均衡条件とパレート最適条件

　2人（第1,2）の消費者，2財（X_1, X_2）の純粋交換経済を取り上げ，厚生経済学の第1基本定理「完全競争市場均衡はパレート最適である。」を証明しましょう。相対価格 $\left(\dfrac{P_1}{P_2}\right)$ が右ページの図のようであるとしましょう。第1,2消費者が完全競争市場へ出て，2財（X_1, X_2）を交換する前の状態（W点）と，第1,2消費者の最適消費計画点をまず比較しましょう。第1,2消費者はW点から最適消費計画点（効用最大化点）に移りたいと考え，次の提案をします。

① 第1消費者の取引提案

　　$(x_{11}^* - x_{11}^0) < 0$　　（第1財を供給する）
　　$(x_{12}^* - x_{12}^0) > 0$　　（第2財を需要する）

② 第2消費者の取引提案

　　$(x_{21}^* - x_{21}^0) > 0$　　（第1財を需要する）
　　$(x_{22}^* - x_{22}^0) < 0$　　（第2財を供給する）

　　D_g＝第g財の需要，S_g＝第g財の供給（$g=1,2$）とし，いま

　　$D_1 > S_1$　　（需要＞供給：第1財市場には超過需要発生）
　　$D_2 < S_2$　　（需要＜供給：第2財市場には超過供給発生）

であるとしましょう。ワルラスの価格調整メカニズムにより，P_1 は上昇，P_2 は下落，$\dfrac{P_1}{P_2}$ は上昇します。$\dfrac{P_1}{P_2}$ の上昇により，2人の消費者の取引提案は変化します。取引オファー曲線（価格消費曲線）の交点で，$D_g = S_g$（$g=1,2$）が満たされています。すなわち，取引オファー曲線の交点は完全競争市場均衡であり，そこでは2人の消費者の無差別曲線は接し，パレート最適条件を満たしています。

第6章 2つ以上の市場の望ましい状態──一般均衡分析とパレート最適

【知っておきましょう】 取引オファー曲線(価格消費曲線)

相対価格 $\left(\dfrac{P_1}{P_2}\right)$ の変化による効用最大化点の変化の軌跡は「価格消費曲線」と呼ばれるものであり、それに応じて消費者の取引提案は変化するので、価格消費曲線は「取引オファー曲線」とも呼ばれています。

図44-1 第1,2消費者の取引提案(不均衡のケース)

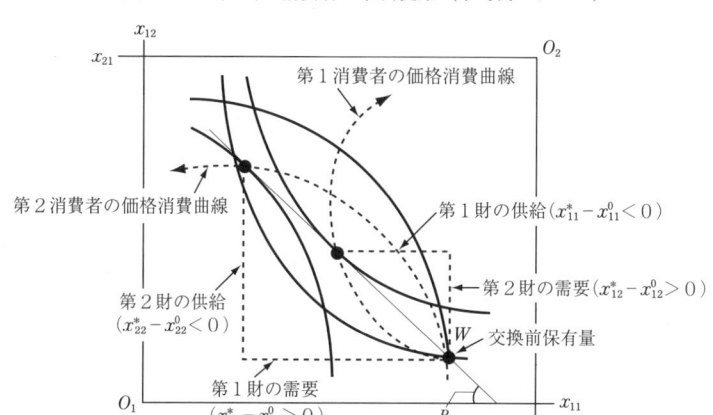

図44-2 第1,2消費者の取引提案(均衡のケース)

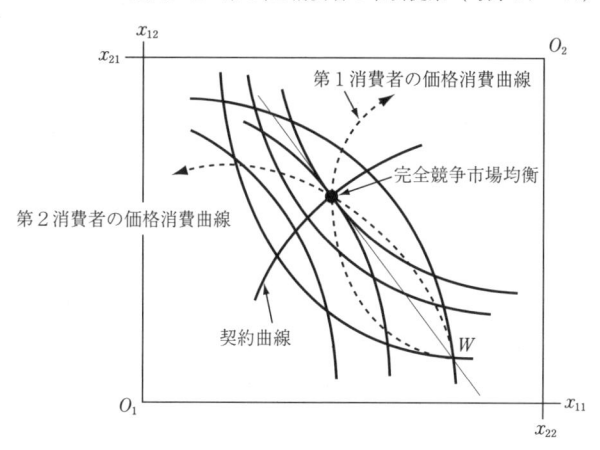

2人の消費者は同じ $\left(\dfrac{P_1}{P_2}\right)^*$ を見て、MRS^i_{12} を決めるのであるから、$MRS^1_{12}=MRS^2_{12}$ になります。

第4部 市場は"望ましい状態"を達成できるのか
第7章 不完全競争市場は"望ましい状態"を達成できない——独占の弊害

　第1,2部では完全競争市場下の消費者行動・生産者行動を学習し，第3部では「存在すべき経済」を問題にし，経済の"望ましさ"を，1つだけの市場を取り上げるときには「余剰」概念で，2つ以上の市場を同時に取り上げるときには「パレート最適」概念で判断しました。第3部では，完全競争市場が「社会的総余剰の最大化」「パレート最適」を達成するという意味で理想的な市場であることを学習しましたが，本章では，1つだけの市場を取り上げ，不完全競争市場が「社会的総余剰の最大化」を達成できないことを学びましょう。

　社会的総余剰の最大化を達成できないことは社会的に資源の無駄があることを意味しています。しかし，

$$社会的総余剰＝消費者余剰＋生産者余剰$$

であり，社会的に資源の無駄が生じることは分かっていても，完全競争市場下においてよりも，消費者は消費者余剰を大きくできるので買手独占に向かい，生産者は生産者余剰を大きくできるので売手独占に向かう傾向があります。

第4部 市場は"望ましい状態"を達成できるのか

45 完全競争市場の4つの特徴と不完全競争市場の理論

　市場が完全競争，不完全競争であるというのは何を意味するのでしょうか。「完全競争市場」は，次の4つの条件で特徴づけられています。
　① 財貨・サービスの同質性　　② 多数の売手・買手
　③ 完全情報　　④ 市場への参入，市場からの退出の自由
　現実は不完全競争市場が一般的ですが，いままで完全競争市場メカニズムを学んできたのは，分析を単純化するためであり，また完全競争市場は「社会的総余剰の最大化」「パレート最適」を達成するという意味で理想的な市場だからです。上記4つの条件のうちのいずれか1つでも満たしていなければ，市場は不完全競争市場と呼ばれます。では，①〜④の各条件がそれぞれ満たされないとき，市場はどのような不完全競争市場と呼ばれるのでしょうか。
① 「財貨・サービスの同質性」が満たされないとき
　「製品差別化」「独占的競争」の市場と呼ばれています。
② 「多数の売手・買手」が満たされないとき
　「独占」「複占」「寡占」の市場と呼ばれています。
③ 「完全情報」が満たされないとき
　「不完全情報」「非対称情報」の市場と呼ばれています。
④ 「市場への参入，市場からの退出の自由」が満たされないとき
　「参入阻止価格」の市場と呼ばれています。
　4つの条件のうち1つだけを重要条件として挙げるとすれば「多数の売手・買手」です。一方に多数の売手がいて，一人ひとりの売手が"大海の一滴"のように小さいとき，市場価格に影響を及ぼすことはできません。同様に，他方に多数の買手がいて，一人ひとりの買手が"大海の一滴"のように小さいとき，市場価格に影響を及ぼすことはできません。完全競争市場下の売手・買手は，市場価格に影響を及ぼすことができないという意味で，「価格受容者（price-taker）」と呼ばれています。

第7章　不完全競争市場は"望ましい状態"を達成できない——独占の弊害

表45-1　売手・買手の数による市場構造の分類

需要者＼供給者	1 人	2 人	少　数	多　数
1 人	双方独占	—	—	需要独占
2 人	—	双方複占	—	需要複占
少　数	—	—	双方寡占	需要寡占
多　数	供給独占	供給複占	供給寡占	完全競争

──【知っておきましょう】　市場形態の決定要因：独占を生み出す原因──

　市場構造が「独占」「複占」「寡占」「完全競争」のいずれになるかは最適規模産出量（平均費用最小点に対応した産出量水準）と市場の需要規模との関係で決定されます。つまり、市場の需要規模に対して各生産者の最適規模産出量が比較的小さく、多数の生産者が参入可能な場合には完全競争に近い市場構造になります。逆に市場の需要規模が小さく、生産者の最適規模産出量が大きいときには供給独占になります。独占を生み出す原因には「自然独占：規模の経済（鉄鋼，自動車など）」「政策的独占：参入障壁（ガス・電気・水道，鉄道・バスなど）」の2つがあります。

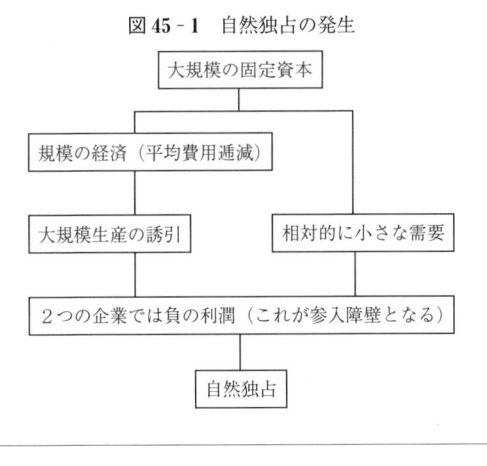

図45-1　自然独占の発生

```
        ┌──────────────┐
        │  大規模の固定資本  │
        └──────┬───────┘
               │
      ┌────────┴──────────┐
      │ 規模の経済（平均費用逓減） │
      └────────┬──────────┘
               │
      ┌────────┴───────┐    ┌──────────────┐
      │  大規模生産の誘引  │    │  相対的に小さな需要  │
      └────────┬───────┘    └──────┬───────┘
               │                    │
      ┌────────┴────────────────────┴──────┐
      │ 2つの企業では負の利潤（これが参入障壁となる） │
      └──────────────────┬──────────────┘
                        │
                  ┌─────┴─────┐
                  │  自然独占  │
                  └───────────┘
```

──【知っておきましょう】　双方独占──

　供給者と需要者がともに独占状態にある市場形態は「双方独占」と呼ばれています。価格・取引量の均衡水準の決定は、供給者と需要者の交渉力の強弱により、供給独占下の水準と需要独占下の水準の間に決まります。

㊻ 生産者の利潤最大化問題——価格受容者 vs. 価格設定者

(1) 生産者の利潤最大化問題：価格受容者

完全競争市場下の一人の売手は，"大海の一滴"のような小さな存在であり，市場価格に影響を及ぼすことはできないという意味で「価格受容者」です。すなわち，完全競争市場下の一人の生産者は多数の生産者の中の小さなマーケットシェアしかもっていないので，価格支配力をもっていません。

完全競争市場下の一人の売手の利潤最大化問題は次のとおりです。

$\text{Max} \ \pi = P \times y - C(y)$ 　（「利潤＝収入－費用」の最大化）

s.t. $P = P^*$ 　　　　　（生産者によって所与の市場均衡価格）

(2) 生産者の利潤最大化問題：価格設定者

不完全競争市場下の一人の売手は，市場価格に影響を及ぼすことができるという意味で「価格設定者」です。一人の売手によってある産業のすべての供給が行われているような状態は独占であり，独占者には競争相手はいません。産業の需要曲線（市場需要曲線）がそのまま独占者の直面する需要曲線となります。右下がりの需要曲線（市場需要曲線）に直面している供給独占者は売り惜しみをすれば市場価格を引き上げることができ，投げ売りをすれば市場価格を引き下げることができます。すなわち，供給独占下の生産者は生産物市場において100％のマーケットシェアをもっているので，価格支配力をもっています。

供給独占者の利潤最大化問題は次のとおりです。

$\text{Max} \ \pi = P \times y - C(y)$ 　（「利潤＝収入－費用」の最大化）

s.t. $P = P(y)$ 　　　　（逆市場需要関数：需要者価格関数）

市場需要関数を $D = D(P)$ とすれば，逆市場需要関数（需要者価格関数）は $P = P(y)$ と表すことができます。逆市場需要関数は供給独占者が供給量 (y) を増やせば市場価格 (P) が下落し，供給量 (y) を減らせば市場価格 (P) が上昇することを意味しています。

第7章　不完全競争市場は"望ましい状態"を達成できない——独占の弊害

──【知っておきましょう】　部分独占と「残余需要曲線」──
　1つの支配的な巨大生産者と多数の小生産者から成り立つ市場形態は「部分独占」と呼ばれています。個々の小生産者は価格受容者として，支配的な巨大生産者は価格設定者として，それぞれ行動します。支配的な巨大生産者の直面する需要は市場全体の需要から小生産者の供給を差し引いた「残余需要曲線」であり，支配的な巨大生産者は残余需要曲線に直面する供給独占者です。

　　図46-1　完全競争市場下の一人の売手が直面する需要曲線

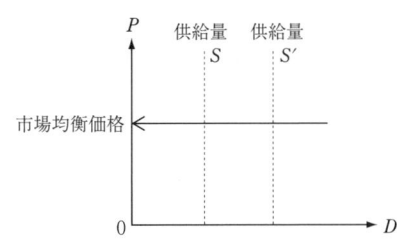

　一人の生産者が直面する需要曲線は市場均衡価格で水平であり，それは当該生産者がいかに多く供給しようが，しまいが市場均衡価格に何らの影響を及ぼすことができないことを意味しています。完全競争市場下の生産者の意思決定にとっては市場均衡価格は所与です。

　　図46-2　不完全競争市場下の一人の売手が直面する需要曲線

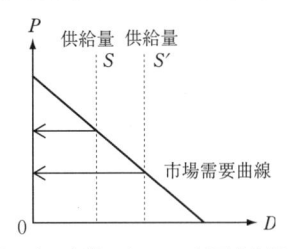

　供給独占者は一人で市場のすべての需要者を相手にしているので，直面する需要曲線は右下がりの市場需要曲線です。それは当該生産者の供給量の多寡が市場均衡価格水準を左右することを意味しています。供給独占下の生産者の意思決定にとっては市場価格は設定可能です。

129

47 供給独占者の利潤最大化問題

供給独占者は一人で市場のすべての需要者を相手にしているので，直面する需要曲線は右下がりの市場需要曲線です。右下がりの需要曲線（市場需要曲線）に直面している供給独占者は売り惜しみをすれば市場価格を引き上げることができ，投げ売りをすれば市場価格を引き下げることができます。すなわち，市場需要関数を $D=D(P)$ とすれば，逆市場需要関数（需要者価格関数）は $P=P(y)$ と表すことができます。逆市場需要関数は供給独占者が供給量 (y) を増やせば市場価格 (P) が下落し，供給量 (y) を減らせば市場価格 (P) が上昇することを意味しています。

供給独占者の利潤最大化問題は次のとおりです。

$\quad$ Max $\pi = P \times y - C(y)$ 　（「利潤＝収入－費用」の最大化）
$\quad$ s.t. $P = P(y)$ 　　　　　　（逆市場需要関数：需要者価格関数）

ここで，

$\quad \pi = $ 利潤
$\quad R = R(y) = P(y) \times y = $ 価格×生産量＝収入
$\quad C = C(y) = $ 費用

であり，

限界利潤（MP：微小単位の生産増したときの利潤増）
限界収入（MR：微小単位の生産増したときの収入増）
限界費用（MC：微小単位の生産増したときの費用増）

はそれぞれ

$$MP = \frac{d\pi}{dy} = \frac{d(R-C)}{dy}$$
$$= \left(\frac{dR}{dy}\right) - \left(\frac{dC}{dy}\right)$$
$$MR = \frac{dR}{dy} = \frac{d\{P(y) \times y\}}{dy}$$
$$= \left(\frac{dP}{dy}\right) \times y + P \times \left(\frac{dy}{dy}\right)$$

第 7 章　不完全競争市場は"望ましい状態"を達成できない——独占の弊害

【知っておきましょう】　収入の変化（dR）をもたらす2つの要因

$$MR = \frac{dR}{dy} = \left(\frac{dP}{dy}\right) \times y + P \times \left(\frac{dy}{dy}\right) \qquad (限界収入)$$

であり，

$$dR = (dP) \times y + P \times (dy)$$

です。供給独占者が生産量・販売量を増加すると，第1に価格が下落し，$(dP) \times y$ の収入減が生じ，第2に生産量・販売量が増加し，$P \times (dy)$ の収入増が生じます。

【知っておきましょう】　需要の価格弾力性（ε_D）と $\left(\frac{dP}{dy}\right) \times y + P$

需要の価格弾力性（ε_D）は需要の価格変化に対する"敏感度"であり，

$$\varepsilon_D = -\left(\frac{dy}{y}\right) \Big/ \left(\frac{dP}{P}\right) = -\left(\frac{dy}{dP}\right) \times \left(\frac{P}{y}\right)$$

と定義され，

$$\frac{1}{\varepsilon_D} = -\left(\frac{dP}{dy}\right) \times \left(\frac{y}{P}\right)$$

であるので，

$$\left(\frac{dP}{dy}\right) \times y + P = -\left(\frac{P}{\varepsilon_D}\right) + P$$

です。$\left(\frac{1}{\varepsilon_D}\right) \left[= \frac{(P - MC)}{P}\right]$ は「ラーナーの独占度」と呼ばれ，1とゼロの間の大きさです。完全競争市場のときは需要の価格弾力性（ε_D）は無限大であるので，「ラーナーの独占度」はゼロです。

$$=\left(\frac{dP}{dy}\right)\times y+P$$

$$=-\left(\frac{P}{\varepsilon_D}\right)+P$$

$$=P\times\{1-\left(\frac{1}{\varepsilon_D}\right)\}$$

$$MC=\frac{dC}{dy}$$

です。

　利潤最大化の1階の条件は次のとおりです。

$$MP=\frac{d\pi}{dy}=\left(\frac{dR}{dy}\right)-\left(\frac{dC}{dy}\right)=0$$

　　　　　（1階の条件：限界利潤がゼロである）
　　　　　（1階の条件：限界収入＝限界費用）

第7章 不完全競争市場は"望ましい状態"を達成できない──独占の弊害

図47‐1 供給独占者の利潤最大化産出量の決定

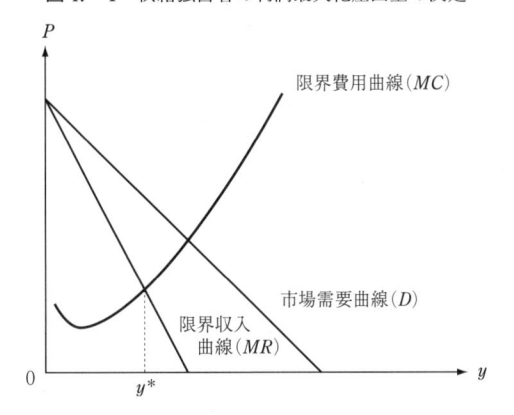

【知っておきましょう】 残余需要曲線

不完全競争市場の諸理論はすべて独占モデルが基本です。独占的競争，複占，寡占はすべて「残余需要曲線」に直面する生産者の独占理論になります。

図47‐2 残余需要曲線

第4部　市場は"望ましい状態"を達成できるのか

48 供給独占者の価格設定

供給独占者の利潤最大化問題が，

　　Max　$\pi = P \times y - C(y)$　　　　（「利潤＝収入－費用」の最大化）
　　s.t.　$P = P(y)$　　　　　　　　　（逆市場需要関数：需要者価格関数）

と定式化されているとしましょう。ここで，さらに，

$$P = P(y) = a - by$$

と特定化すれば，

$\pi =$ 利潤
$R = R(y) = P(y) \times y = (a - by) \times y = ay - by^2 =$ 収入
$C = C(y) =$ 費用

であり，限界利潤（MP），限界収入（MR），限界費用（MC）はそれぞれ

$$MP = \frac{d\pi}{dy} = \frac{d(R-C)}{dy} = \left(\frac{dR}{dy}\right) - \left(\frac{dC}{dy}\right)$$

$$MR = \frac{dR}{dy} = a - 2by$$

$$MC = \frac{dC}{dy}$$

です。利潤最大化の1階の条件は次のとおりです。

$$MP = \frac{d\pi}{dy} = \left(\frac{dR}{dy}\right) - \left(\frac{dC}{dy}\right) = 0$$

　　　　　　（1階の条件：限界利潤がゼロである，限界収入＝限界費用）

「限界収入＝限界費用」を満たすように最適供給量を決定すれば，利潤最大化産出量はy'になります。市場均衡価格は，

　利潤最大化供給量＝$y' = D(P) =$ 市場需要量

を満たすように$P = P'$に決定されます。市場均衡価格は需給両要因によって決定されるが，供給独占者は産出量の増減によって市場均衡価格をコントロールできます。それが価格設定者（price-setter）と呼ばれる理由です。

第7章　不完全競争市場は"望ましい状態"を達成できない——独占の弊害

図 48-1　供給独占者の価格設定

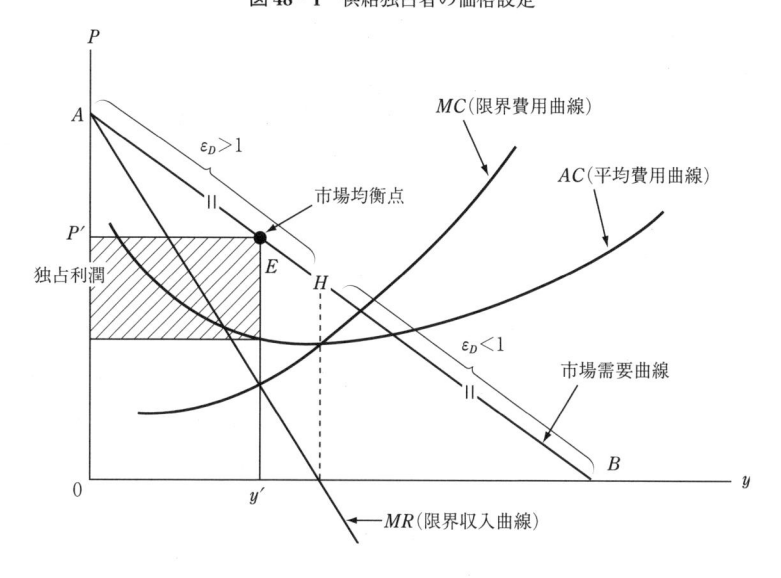

（図中ラベル）
- P
- A
- $\varepsilon_D > 1$
- 市場均衡点
- P'
- 独占利潤
- E
- H
- $\varepsilon_D < 1$
- 市場需要曲線
- MC（限界費用曲線）
- AC（平均費用曲線）
- B
- 0
- y'
- y
- MR（限界収入曲線）

	縦軸切片	傾き
逆市場需要曲線	a	－b
限界収入曲線	a	－2b

㊾ 供給独占の弊害

「私的独占の禁止及び公正取引の確保に関する法律」(「独占禁止法」と略称：1947年4月）は供給独占を禁止していますが，その経済的理由は何でしょうか。すなわち，供給独占者は「限界収入＝限界費用」を満たすように利潤最大化産出量（y'）を決定し，市場均衡価格は，

　　　利潤最大化供給量＝y'＝$D(P)$＝市場需要量

を満たすように$P=P'$に決定されます。価格がP'，産出量がy'に決められると，どのような不都合なことが生じているのでしょうか。

完全競争市場下の各生産者は「限界収入＝価格＝限界費用」を満たすように利潤最大化産出量を決定するので，産業全体ではy^*が供給されます。完全競争市場下では（P^*, y^*）の組み合わせの市場取引，供給独占下では（P', y'）の組み合わせの市場取引がそれぞれ行われます。

市場取引が社会全体にどれだけの利益を与えるかを金額で表示したものが「社会的総余剰」であり，完全競争市場下と供給独占下の余剰は次のとおりです。

	完全競争市場		供給独占
価　格	P^*	<	P'
取引量	y^*	>	y'

つまり，供給独占下では，$E'EF$（＝$AEO'-AE'FO'$）の大きさの「死重的損失」あるいは「厚生上の損失」が生じていて，

	完全競争市場		供給独占
消費者余剰	AEP^*	>	$AE'P'$
生産者余剰	P^*EO'		$P'E'FO'$
社会的総余剰	AEO'	>	$AE'FO'$

それは「非効率性（資源配分の無駄）」が存在することを意味しています。

第7章 不完全競争市場は"望ましい状態"を達成できない——独占の弊害

表49-1 供給独占の弊害

	完全競争市場		独　占
均　衡　点	E		E'
均　衡　価　格	P^*	<	P'
均　衡　取　引　量	y^*	>	y'
消　費　者　余　剰	AEP^*	>	$AE'P'$
生　産　者　余　剰	P^*EO'		$P'E'FO'$
社　会　的　総　余　剰	AEO'	>	$AE'FO'$
死　重　的　損　失	0	<	$E'EF$

図49-1 供給独占の余剰分析：厚生上の損失

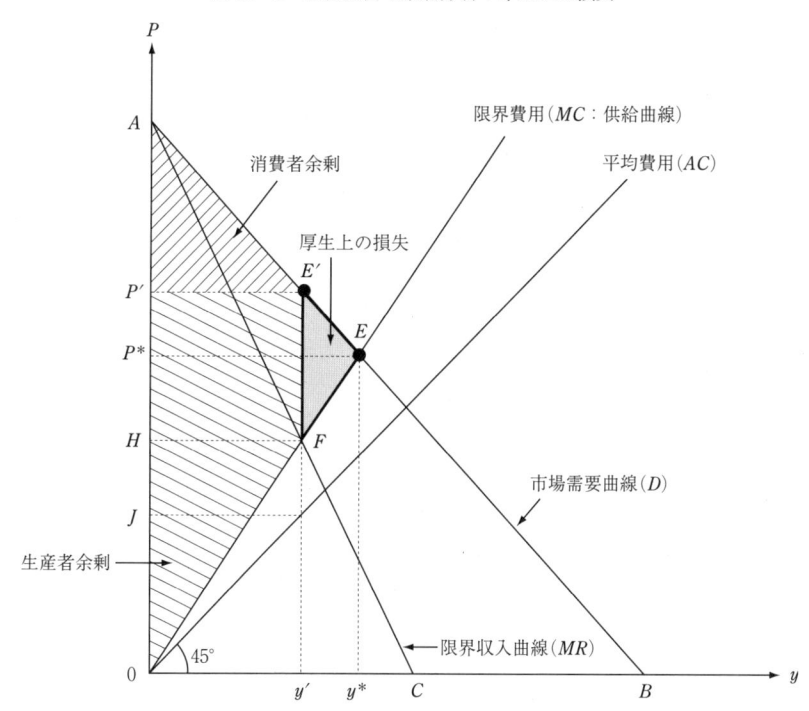

50 需要の価格弾力性と価格差別化 ——価格に敏感な人 vs. 価格に鈍感な人

供給独占者の利潤最大化問題は,

$$\text{Max } \pi = P \times y - C(y) \quad \text{(「利潤=収入-費用」の最大化)}$$
$$\text{s.t. } P = P(y) \quad \text{(逆市場需要関数：需要者価格関数)}$$

です。利潤最大化の条件は,

$$MR = MC \quad \text{(限界収入=限界費用)}$$
$$MR = P \times \left\{1 - \left(\frac{1}{\varepsilon_D}\right)\right\} \quad \text{(限界収入=価格} \times \left\{1 - \left(\frac{1}{\text{需要の価格弾力性}}\right)\right\}\text{)}$$
$$MC = \frac{dC}{dy} \quad \text{(限界費用)}$$

より,

$$\text{価格} \times \left\{1 - \left(\frac{1}{\text{需要の価格弾力性}}\right)\right\} = \text{限界費用}$$

です。つまり,供給独占者は次の式で価格を設定しています。

$$\text{価格} = \frac{MC}{\left\{1 - \left(\frac{1}{\varepsilon_D}\right)\right\}}$$
$$= \frac{\text{限界費用}}{\left\{1 - \left(\frac{1}{\text{需要の価格弾力性}}\right)\right\}} \quad \text{(価格決定式)}$$

供給独占者は必ずしも均一価格で販売する必要はありません。同じ生産物を異なった市場（例えば,国内市場と海外市場,業務用市場と家庭用市場など）で異なった価格で販売することは「価格差別化」と呼ばれています。価格差別化は,第1に各市場間で需要の価格弾力性（価格に対する敏感度）が異なり,第2に各市場が互いに独立している（つまり,市場間で転売ができない）場合に成立します。

供給独占者が需要の価格弾力性が異なる2つの,独立した市場（例えば,国内市場と海外市場：$\varepsilon_1 < \varepsilon_2$）に直面しているとしましょう。供給独占者の価格（$P_1, P_2$）設定は次のとおりです。

$$P_1 = \frac{MC}{\left\{1 - \left(\frac{1}{\varepsilon_1}\right)\right\}} \quad \text{(国内向けの価格：価格に鈍感な人)}$$

$$P_2 = \frac{MC}{\left\{1 - \left(\frac{1}{\varepsilon_2}\right)\right\}} \quad \text{(海外向けの価格：価格に敏感な人)}$$

第7章 不完全競争市場は"望ましい状態"を達成できない——独占の弊害

「『需要の価格弾力性』小さい→『$\frac{1}{需要の価格弾力性}$』大きい→『$1-\left(\frac{1}{需要の価格弾力性}\right)$』小さい→『価格』大きい」ので，供給独占者は，需要の価格弾力性が小さい人（ε_1：価格に鈍感な人）に対しては高い価格（P_1）を設定し，需要の価格弾力性が大きい人（ε_2：価格に敏感な人）に対しては低い価格（P_2）を設定します。

【知っておきましょう】 価格差別化：2つの市場のケース

供給独占者が需要の価格弾力性が異なる2つの，独立した市場（例えば，国内市場と海外市場）に直面しているとしましょう。供給独占者は利潤最大化を目標として，同じ生産物に対して，2つの異なった価格（P_1, P_2）をつけます。費用は国内向け，海外向けの市場の区別に関係なく，$y(=y_1+y_2)$に依存しているので，供給独占者の利潤最大化問題は次のとおりです。

Max $\pi=P_1 y_1+P_2 y_2-C(y_1+y_2)$ （利潤の最大化）
s.t. $P_1=P_1(y_1)$ （国内の逆市場需要関数）
$P_2=P_2(y_2)$ （海外の逆市場需要関数）

利潤最大化の1階の条件（$\frac{\partial \pi}{\partial y_1}=0, \frac{\partial \pi}{\partial y_2}=0$）より，

$$P_1\{1-\left(\frac{1}{\varepsilon_1}\right)\}=C'(y_1+y_2)=MC$$

$$P_2\{1-\left(\frac{1}{\varepsilon_2}\right)\}=C'(y_1+y_2)=MC$$

です。したがって，

$$P_1\{1-\left(\frac{1}{\varepsilon_1}\right)\}=P_2\{1-\left(\frac{1}{\varepsilon_2}\right)\} (=MC)$$

であり，「$\varepsilon_1<\varepsilon_2$」は「$P_1>P_2$」を意味しています。供給独占者は需要の価格弾力性（$\varepsilon_1, \varepsilon_2$）の異なる市場に供給するときは，価格差別を行い，需要の価格弾力性の小さい市場（価格に鈍感な市場）にはより高い価格を設定します。

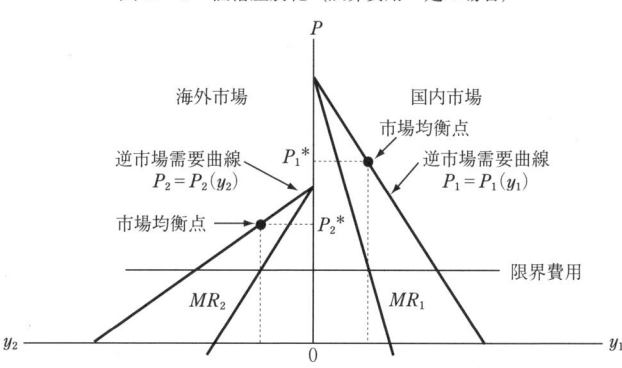

図50-1　価格差別化（限界費用一定の場合）

51 独占的競争市場——ブランド品

完全競争市場下の生産者は"大海の一滴"であるので、他の生産者に何ら影響を及ぼすこともないし、他の生産者から何ら影響を受けることもありません。また、供給独占者はそもそも他の生産者（ライバル生産者）が全くいません。

しかし、現実の経済で多く見られる市場は密接な代替関係にある財（ブランド品）を多数の生産者が生産しているような市場であり、「財貨・サービスは同質でない（ブランド品）」という不完全競争市場の要素と、「多数の売手」という完全競争市場の要素とが混在している市場形態は「独占的競争市場」と呼ばれています。

独占的競争下では、各生産者は競争相手の行動を考慮に入れる必要があるので、「製品差別化」を行い、独占的な地位を確立しようとします。独占的競争下の各生産者の製品は、差別化されてはいるものの、互いに密接な代替財の関係にあり、かつ各生産者の産業における市場シェアは非常に小さいと言えます。

各生産者の直面する需要曲線（残余需要曲線）は「製品差別化」が行われているので右下がりであり、各生産者は市場価格にある程度まで影響を与えることができますが、一人ひとりの生産者の市場シェアは非常に小さいので他の独占的競争者からの影響をほとんど受けることはありません。

各独占的競争者は「限界収入＝限界費用」を満たすように利潤最大化産出量（y^*）を決定し、市場均衡価格（P^*）は、以下のように決定されます。

利潤最大化供給量＝残余需要量

「独占利潤」がプラスである限り、新規参入が続き、残余需要曲線は左へシフトし続けます。独占的競争市場均衡では、残余需要曲線が平均費用曲線と接し、独占利潤（超過利潤）はゼロです。独占的競争市場均衡（長期均衡）点では、価格が限界費用を上回っているので、パレート最適ではありません。各生産者は最適規模産出量（平均費用最小点）以下の水準しか生産していないので、過剰生産設備を保有することになります。

第7章 不完全競争市場は"望ましい状態"を達成できない——独占の弊害

---【知っておきましょう】 独占利潤---

独占利潤＝利潤最大化収入－利潤最大化費用
　　　　＝利潤最大化設定価格×利潤最大化産出量
　　　　　－利潤最大化平均費用×利潤最大化産出量

図 51-1　独占的競争市場均衡

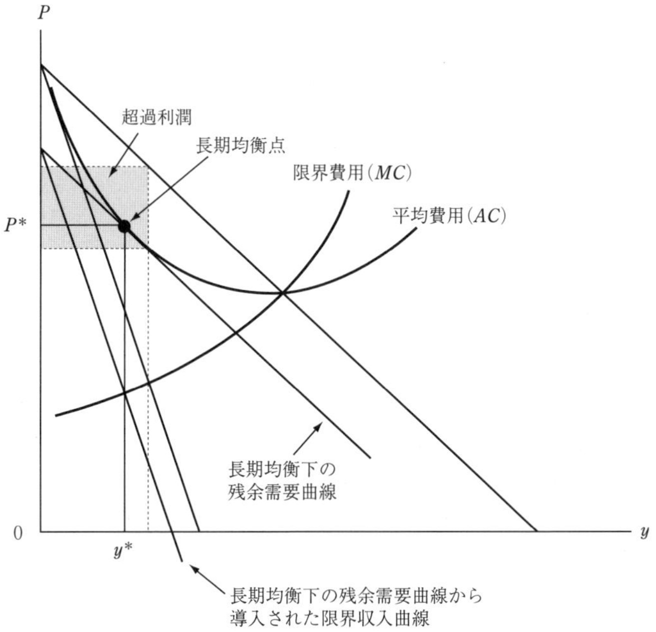

(図中ラベル：超過利潤、長期均衡点、限界費用(MC)、平均費用(AC)、P、P^*、y^*、y、長期均衡下の残余需要曲線、長期均衡下の残余需要曲線から導入された限界収入曲線)

141

第4部　市場は"望ましい状態"を達成できるのか

52　複占——クールノー均衡

「2人の売手・多数の買手」は「複占」と呼ばれています。複占下では，2人の生産者が対等関係にあるときは「クールノー・モデル」，1人が先導者，もう1人が追随者の関係にあるときは「シュタッケルベルク・モデル」とそれぞれ呼ばれています。「クールノー・モデル」では，各生産者は相手生産者の生産量を予想し，残余需要量（＝市場全体の需要量－相手生産者の予想供給量）を求めます。右下がりの残余需要曲線下，各複占生産者は独占供給者になります。

2人の生産者の利潤最大化問題は次のとおりです。

$\text{Max } \pi_1 = P \times y_1 - C(y_1)$　（第1生産者の「利潤＝収入－費用」の最大化）

$\pi_2 = P \times y_2 - C(y_2)$　（第2生産者の「利潤＝収入－費用」の最大化）

s.t. $P = P(y)$　（逆市場需要関数：需要者価格関数）

ここで，P＝生産物価格，y_1＝第1生産者の生産量，y_2＝第2生産者の生産量，$y = y_1 + y_2$＝市場全体の需要量です。ここで，

π_i＝利潤　　$R_i = P(y_1 + y_2) \times y_i$＝価格×生産量＝収入

$C_i = C(y_i)$＝費用

であり，第i生産者の限界利潤（MP_i：微小単位の生産増したときの利潤増），限界収入（MR_i：微小単位の生産増したときの収入増），限界費用（MC_i：微小単位の生産増したときの費用増）はそれぞれ

$$MP_i = \frac{\partial \pi_i}{\partial y_i} = \frac{\partial (R_i - C_i)}{\partial y_i} = \left(\frac{\partial R_i}{\partial y_i}\right) - \left(\frac{dC_i}{dy_i}\right)$$

$$MR_i = \frac{\partial R_i}{\partial y_i} = \frac{\partial \{P(y) \times y_i\}}{\partial y_i} = \left(\frac{\partial P}{\partial y_i}\right) \times y_i + P \times \left(\frac{dy_i}{dy_i}\right)$$

$$= \left(\frac{\partial P}{\partial y_i}\right) \times y_i + P = -\left(\frac{P}{\varepsilon_{Di}}\right) + P = P \times \left\{1 - \left(\frac{1}{\varepsilon_{Di}}\right)\right\}$$

$$MC_i = \frac{dC_i}{dy_i}$$

です。また，

利潤最大化の1階の条件は次のとおりです。

第7章 不完全競争市場は"望ましい状態"を達成できない——独占の弊害

$$MP_i = \frac{\partial \pi_i}{\partial y_i} = \left(\frac{\partial R_i}{\partial y_i}\right) - \left(\frac{dC_i}{dy_i}\right) = 0$$

（1階の条件：限界利潤がゼロである）　（1階の条件：限界収入＝限界費用）

すなわち，利潤最大化の1階の条件 $\frac{\partial \pi_1}{\partial y_1}=0$, $\frac{\partial \pi_2}{\partial y_2}=0$ より，

$$MR_1(y_1, y_2) = MC_1(y_1) \qquad MR_2(y_1, y_2) = MC_2(y_2)$$

つまり，

$y_1 = \phi_1(y_2)$　　　　　（第1生産者の反応関数）

$y_2 = \phi_2(y_1)$　　　　　（第2生産者の反応関数）

を得ることができます。各生産者は互いにライバル生産者の産出量を所与として，同時に利潤最大化産出量を決定します。2本の反応関数から，クールノー・ゲームのナッシュ均衡（反応曲線の交点：y_1^*, y_2^*：クールノー均衡）を求めることができます。

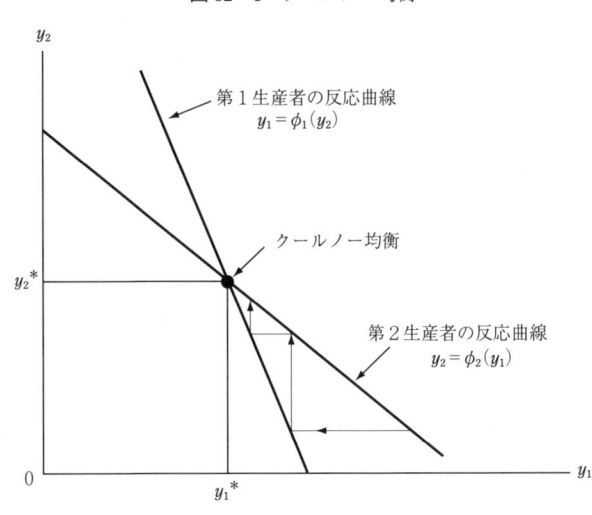

図 52-1　クールノー均衡

第4部 市場は"望ましい状態"を達成できるのか

53 複占——シュタッケルベルク均衡

　クールノー・モデルは第1, 2生産者が相互に独立して産出量を決めるモデルです。シュタッケルベルク・モデルは例えば，第1生産者が先導者として産出量を決め，第2生産者がそれを見た後に追随者として産出量を決めるモデルです。

　追随者は先導者の産出量の決定を所与として利潤最大化をはかり，先導者は追随者の反応関数を読み込んだ上で利潤最大化をはかります。

　先導者（第1生産者）の利潤最大化問題は次のとおりです。

　　　　Max $\pi_1 = Py_1 - C(y_1) = \pi_1(y_1)$　　（第1生産者の利潤最大化）
　　　　s.t. $P = P(y)$　　　　　　　　　　　　（逆市場需要関数）
　　　　　　$y_2 = \phi_2(y_1)$　　　　　　　　　　（第2生産者の反応関数）

ここで，$P =$ 生産物価格，$y_1 =$ 第1生産者の生産量，$y_2 =$ 第2生産者の生産量，$y = y_1 + y_2 =$ 市場全体の需要量です。

ここで，

　　　　$\pi_1 =$ 第1生産者の利潤
　　　　$R_1 = P(y_1 + y_2) \times y_1 =$ 価格×第1生産者の生産量＝第1生産者の収入
　　　　$C_1 = C(y_1) =$ 第1生産者の費用

であり，利潤最大化の1階の条件 $\dfrac{d\pi}{dy_1} = 0$ より，y_1^{**} を求めることができ，これを第2生産者の反応関数に代入すると，y_2^{**} を求めることができます。(y_1^{**}, y_2^{**}) はシュタッケルベルク・ゲームのナッシュ均衡（シュタッケルベルク均衡）です。

　それは追随者（第2生産者）の反応曲線上で先導者（第1生産者）の利潤が最大となる点（S_1点）です。第1生産者の利潤はクールノー・モデル（第1, 2生産者のいずれもが対等の立場で行動）におけるよりも大きくなります。

第7章 不完全競争市場は"望ましい状態"を達成できない——独占の弊害

―― 【知っておきましょう】 ベルトランの複占モデル ――

クールノーの複占モデルでは，2人の生産者の戦略変数は数量（生産量）です。一方，ベルトランの複占モデルでは，2人の生産者の戦略変数は価格であり，各生産者はライバル生産者が設定する価格を予想します。第1, 2生産者の利潤最大化問題は次のとおりです。

$$\text{Max } \pi_1 = P_1 y_1 - C_1(y_1) = \pi_1(P_1, P_2) \quad \text{（第1生産者の利潤最大化）}$$
$$\pi_2 = P_2 y_2 - C_2(y_2) = \pi_2(P_1, P_2) \quad \text{（第2生産者の利潤最大化）}$$
$$\text{s.t. } y_1 = y_1(P_1, P_2) \quad \text{（第1財の市場需要関数）}$$
$$y_2 = y_2(P_1, P_2) \quad \text{（第2財の市場需要関数）}$$

各生産者は互いにライバル生産者の価格を所与として，同時に，利潤最大化価格を決定します。2本の価格反応関数から，ベルトラン・ゲームのナッシュ均衡（P_1^*, P_2^*：ベルトラン均衡）を求めることができます。

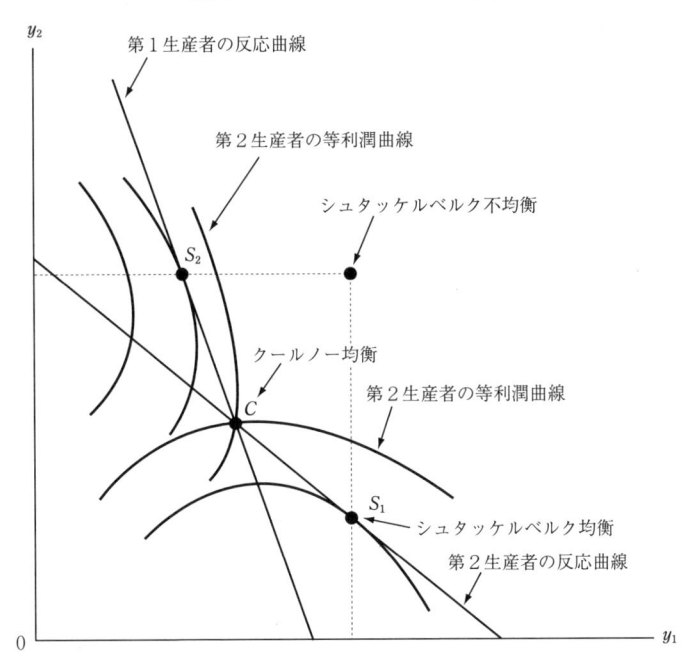

図 53-1 シュタッケルベルク均衡

54 寡占——屈折需要曲線と価格の硬直性

　少数の生産者が同じ市場を分割して占有している市場形態は「寡占」と呼ばれています。寡占下では，各生産者のマーケット・シェアがかなり大きいため，生産者相互間の影響を無視することはできません。つまり，寡占市場では，各生産者の利潤は競争相手の行動にも依存しています。

　寡占状態にある1人の生産者が直面する市場需要曲線は現行の市場均衡価格（P^*）で屈折しています。というのは，少数生産者間に競争がある場合，生産者は単独で値上げ（$P>P^*$）を行おうとすると，ライバル生産者はそれに追随しないので大きな需要量を失い，値下げ（$P<P^*$）を行おうとすると，ライバル生産者はそれに追随するので小さな需要量しか増やすことができません。

　第1生産者が直面する逆市場需要関数（需要者価格関数）は，

$$P=P_1(y) \qquad (y^*<y<y')$$
$$P=P_2(y) \qquad (0<y<y^*)$$

であり，屈折需要曲線の理論は寡占市場における価格の下方硬直性を説明できます。限界収入曲線（MR_1, MR_2）は現行の産出量で不連続となり，限界費用曲線（MC）が上下にシフトしても，市場均衡価格（P^*）・取引量（y^*）は不変です。

第7章 不完全競争市場は"望ましい状態"を達成できない——独占の弊害

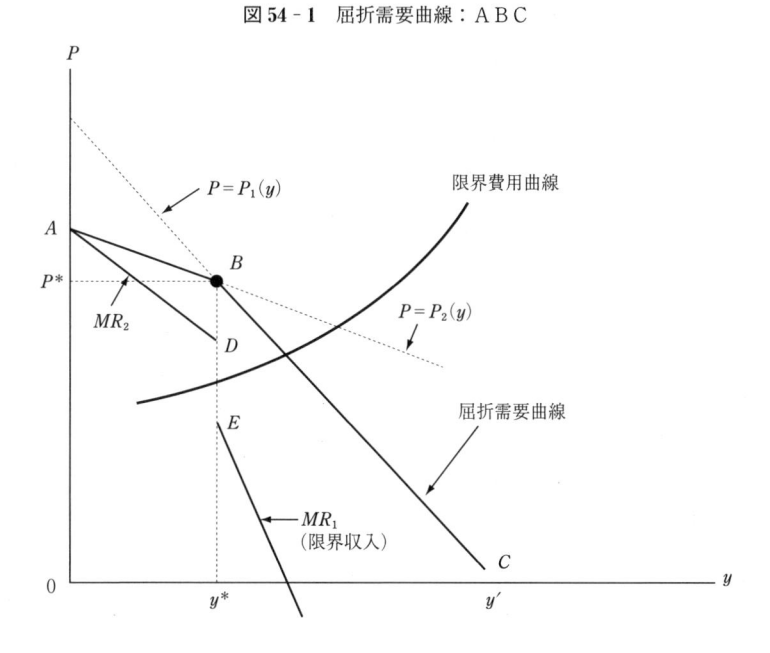

図54‐1 屈折需要曲線：ＡＢＣ

55 需要独占者の利潤最大化問題

「多数の売手・1人の買手」は「需要独占」と呼ばれています。この1つの例として，1つの大企業がすべての労働者を雇用しているような地域を想定しましょう。大企業は価格（労働サービスの価格：賃金）支配力をもっています。つまり，買手独占であり，買手独占者には競争相手はいません。地域全体の労働供給曲線（市場供給曲線）がそのまま買手独占者の直面する供給曲線となります。右上がりの供給曲線（市場供給曲線）に直面している買手独占者（大企業）は買い控えをすれば市場価格（賃金）を引き下げることができ，買い占めをすれば市場価格（賃金）を引き上げることができます。

需要独占者の利潤最大化問題は次のとおりです。

$$\text{Max } \pi = P \times y - w \times L$$

（「利潤＝収入－労働費用＝生産物価格×生産量
－賃金×雇用量」の最大化）

s.t. $y = f(L)$　　（生産関数）

$w = w(L)$　　（逆市場供給関数：供給者価格関数）

市場供給関数を $S = S(w)$ とすれば，逆市場供給関数（供給者価格関数）は $w = w(L)$ と表すことができます。逆市場供給関数は需要独占者が需要量（L）を増やせば市場価格（賃金：w）が上昇し，需要量（L）を減らせば市場価格（賃金：w）が下落することを意味しています。ここで，

$\pi =$ 利潤

$R = R(L) = P \times f(L) =$ 生産物価格×生産量＝収入

$C = C(L) = w(L) \times L =$ 賃金×雇用量＝費用

とします。生産物市場は完全競争市場であると想定すると生産物価格は所与であるので，限界利潤（MP：微小単位の雇用増したときの利潤増），限界収入（MR：微小単位の雇用増したときの収入増），限界費用（MC：微小単位の雇用増したときの費用増）はそれぞれ

第7章 不完全競争市場は"望ましい状態"を達成できない――独占の弊害

$$MP = \frac{d\pi}{dL} = \frac{d(R-C)}{dL} = \left(\frac{dR}{dL}\right) - \left(\frac{dC}{dL}\right)$$

$$MR = \frac{dR}{dL} = P \times \left(\frac{dy}{dL}\right)$$

(労働需要曲線:労働の価値限界生産力＝生産物価格
×労働の限界生産力)

$$MC = \frac{dC}{dL} = \left(\frac{dw}{dL}\right) \times L + w \times \left(\frac{dL}{dL}\right)$$
$$= \left(\frac{dw}{dL}\right) \times L + w = = \left(\frac{w}{\varepsilon_S}\right) + w = w \times \{1 + \left(\frac{1}{\varepsilon_S}\right)\}$$

です。利潤最大化の条件は次のとおりです。

$$MP = \frac{d\pi}{dL} = \left(\frac{dR}{dL}\right) - \left(\frac{dC}{dL}\right) = 0$$

(1階の条件:限界利潤がゼロである,限界収入＝限界費用)

図55-1 需要独占

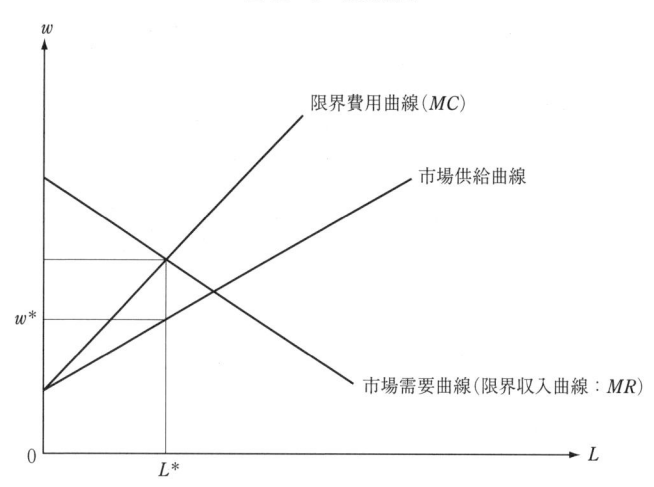

第4部 市場は"望ましい状態"を達成できるのか

56 需要独占者の価格設定

需要独占者の利潤最大化問題が，
$$\text{Max } \pi = P \times y - w \times L$$
（「利潤＝収入－労働費用＝生産物価格×生産量
－賃金×雇用量」の最大化）

s.t. $y = f(L)$　　　（生産関数）

　　$w = w(L)$　　　（逆市場供給関数：供給者価格関数）

と定式化されているとしましょう。ここで，さらに，
$$w = w(L) = a + bL$$
と特定化すれば，

　　$\pi =$ 利潤

　　$R = R(L) = P \times f(L) =$ 生産物価格×生産量＝収入

　　$C = C(L) = w(L) \times L = (a + bL) \times L = aL + bL^2$
　　　　$=$ 賃金×雇用量＝費用

であり，限界利潤（MP：微小単位の雇用増したときの利潤増），限界収入（MR：微小単位の雇用増したときの収入増），限界費用（MC：微小単位の雇用増したときの費用増）はそれぞれ

$$MP = \frac{d\pi}{dL} = \frac{d(R-C)}{dL} = \left(\frac{dR}{dL}\right) - \left(\frac{dC}{dL}\right)$$

$$MR = \frac{dR}{dL} = P \times \left(\frac{dy}{dL}\right)$$

（労働需要曲線：労働の価値限界生産力＝生産物価格
×労働の限界生産力）

$$MC = \frac{dC}{dL} = a + 2bL$$

です。

利潤最大化の1階の条件は次のとおりです。

$$MP = \frac{d\pi}{dL} = \left(\frac{dR}{dL}\right) - \left(\frac{dC}{dL}\right) = 0$$

第7章　不完全競争市場は"望ましい状態"を達成できない——独占の弊害

図56‑1　需要独占者の価格（賃金）設定

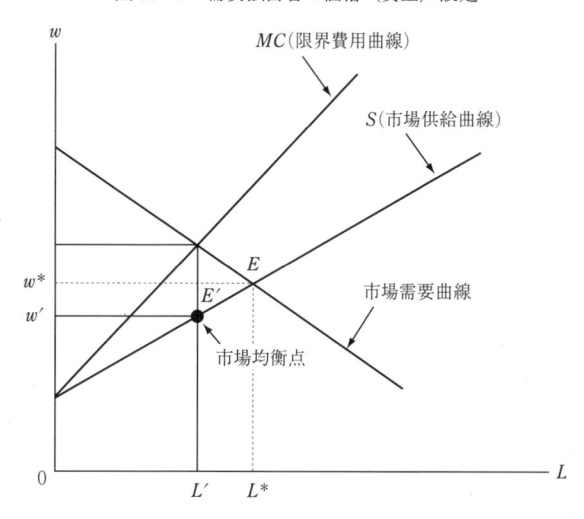

	縦軸切片	傾　き
逆市場供給曲線	a	b
限 界 費 用 曲 線	a	2 b

【知っておきましょう】　供給の価格弾力性（ε_S）と $\left(\dfrac{dw}{dL}\right) \times L + w$

供給の価格弾力性（ε_S）は供給の価格変化に対する"敏感度"であり，

$$\varepsilon_S = \frac{\left(\dfrac{dL}{L}\right)}{\left(\dfrac{dw}{w}\right)} = \left(\dfrac{dL}{dw}\right) \times \left(\dfrac{w}{L}\right)$$

と定義され，

$$\frac{1}{\varepsilon_S} = \left(\dfrac{dw}{dL}\right) \times \left(\dfrac{L}{w}\right)$$

であるので，

$$\left(\dfrac{dw}{dL}\right) \times L + w = \left(\dfrac{w}{\varepsilon_S}\right) + w$$

です。

(1階の条件：限界利潤がゼロである)
(1階の条件：限界収入＝限界費用)

「限界収入＝限界費用」を満たすように最適雇用量を決定すれば，利潤最大化雇用量は L' になります。市場均衡価格（賃金）は，

利潤最大化雇用量 $=L'=S(w)=$ 市場供給量

を満たすように $w=w'$ に決定されます。市場均衡価格（賃金）は需給両要因によって決定されるが，需要独占者は雇用量の増減によって市場均衡価格（賃金）をコントロールできます。それが価格設定者（price-setter）と呼ばれる理由です。

───【知っておきましょう】 供給の価格弾力性(ε_S)と不完全競争市場：「ラーナーの独占度」───
「ラーナーの独占度」は，

$$\frac{(MR-w)}{w}=\left(\frac{1}{\varepsilon_S}\right)$$

であり，1とゼロの間の大きさです。完全競争市場のときは供給の価格弾力性(ε_S)は無限大であるので，「ラーナーの独占度」はゼロです。

第4部 市場は"望ましい状態"を達成できるのか

第8章 完全競争市場は"望ましい状態"を達成できないことがある――市場の失敗

> 消費者・生産者が価格設定者（プライスセッター）として行動できるときは，市場は「不完全競争市場」と呼ばれ，不完全競争市場は"望ましい経済"を達成できません。では，完全競争市場はつねに"望ましい経済"を達成できるかといえば，そうではなく，ある前提条件が満たされないと，完全競争市場は"望ましい経済"の実現に失敗し，このことは「市場の失敗」と呼ばれています。

57 平均費用逓減――市場の失敗の第一事例

「厚生経済学の基本定理」(☞ p. 120) の次の2つの前提条件のいずれかが満たされなければ，完全競争市場はパレート最適を達成できません。
① 凸性：生産可能性集合および消費者の選好が凸であること。
② 普遍性：あらゆる財貨・サービスは市場を通してのみ取引されること。

この状況は「市場の失敗」と呼ばれ，市場の失敗の存在は，市場の内在的欠陥を是正するために介入を行う政府の特別な政策を正当化します。本章では，「市場の失敗」の事例として「平均費用逓減」「外部性」「公共財」の3つを取り上げます。

ここでは，「平均費用逓減」の事例を取り上げます。平均費用逓減の原因として，「規模に関して収穫逓増の生産技術」と「固定費用の存在」があります。

わずかな生産を行うよりも大量に生産したほうが単位当たり費用（平均費用）が安くなる場合，供給曲線が不連続になるかもしれず，すべての財の需給を同時に均衡させるような価格は存在しないかもしれません。規模に関する収穫逓増が市場支配力の源泉であるかぎり，不完全競争に基づく市場の失敗が起こることは避けられません。

このような産業は「費用逓減産業」と呼ばれています。

(1) 平均費用＜市場均衡価格のとき

「平均費用の逓減 → 低い平均費用（＜市場均衡価格水準）→ 超過利潤の発生 → 利潤最大化産出量水準の不決定 → 生産拡大競争 →（需要が成長し続けない限り）産業の形態を完全競争市場から独占へ向かわせます（自然独占）」であり，独占はパレート最適を達成しません。

(2) 平均費用＞市場均衡価格のとき

「小規模需要水準 → 低い市場均衡価格水準（＜平均費用）→ 負の超過利潤 → 操業停止 → 社会的総余剰の消失」であり，「社会的総余剰＞負の超過利潤の補償」である限り，操業停止はパレート最適ではありません。

第 8 章 完全競争市場は"望ましい状態"を達成できないことがある——市場の失敗

―【知っておきましょう】 平均費用逓減による「市場の失敗」の補正―
(1) 平均費用逓減企業の国有化
　平均費用逓減の国有企業は負の超過利潤下での操業を行います。
(2) 平均費用逓減企業に対する補助金
　政府が平均費用逓減企業に対して負の超過利潤の大きさの補助金を与えて、操業を続けさせます。

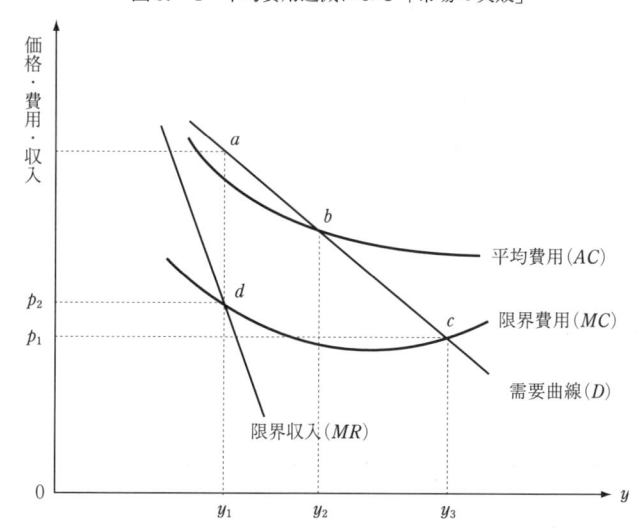

図 57‐1　平均費用逓減による「市場の失敗」

58 外部性——市場の失敗の第二事例

ある経済主体の活動が，市場を経由しないで，他の主体の経済厚生に及ぼすプラスあるいはマイナスの効果は「外部性」と呼ばれ，ある経済主体の行動が他の経済主体に市場を経由しないでマイナスの影響を与えることは「外部不経済」，ある経済主体の行動が他の経済主体に市場を経由しないでプラスの影響を与えることは「外部経済」とそれぞれ呼ばれています。「外部不経済」・「外部経済」の効果が存在し，意思決定主体が，決定に伴って発生するすべての費用と便益を計算に入れない，つまり，他の人々に帰属する費用と便益を考慮に入れないと，外部性を帯びた経済活動は非効率な水準になります。

(1) 外部不経済：外部費用

外部不経済が存在するとき外部費用を生みます。「外部費用」とは，ある生産者が他の経済主体に「市場を経由しない」で与えている損害，換言すれば他の経済主体に損害を与えないようにするために当該生産者が負担すべき費用のことです。

① 私的均衡：E 点

外部不経済が存在するとき，それを考慮しなければ，完全競争市場「私的均衡」は，私的限界費用曲線（供給者価格曲線）と限界便益曲線（需要者価格曲線）の交点（E 点）によって定まります。

社会的総余剰＝$AEB-CFEB$（外部不経済）＝$AE'C-E'FE$

② 社会的均衡：E' 点

外部不経済が存在するとき，それを考慮すれば，「社会的均衡」は，社会的限界費用曲線と限界便益曲線（需要者価格曲線）の交点（E' 点）によって定まります。

社会的総余剰＝$AE'C$

かくて，「$E'FE$＝厚生上の損失」であり，それは完全競争市場「私的均衡」が市場の失敗を引き起こしていることを意味しています。当該生産者が外部不

第8章　完全競争市場は"望ましい状態"を達成できないことがある——市場の失敗

──【知っておきましょう】　コースの定理──

　外部性による市場の失敗を補正するために，加害者が被害者を補償することと被害者が加害者を補償することとは資源配分の観点からは同じことです。したがって，権利の所在がどちらにあろうと，最適な資源配分がそれによって影響を受けることはありません。この主張は「コースの定理」と呼ばれています。

表58-1　コースの定理

第1生産者(A) ──外部不経済──▶ 第2生産者(B)

権利の所在	手　　段		結　　果	
	加害者・被害者間交渉	課税・補助金政策	資源配分	所得配分
第1生産者(A)	BによるAの買収	Aに補助金	同一のパレート最適状態	異なる
第2生産者(B)	BによるAへの補償	Aに課税		

図58-1　外部不経済：外部費用

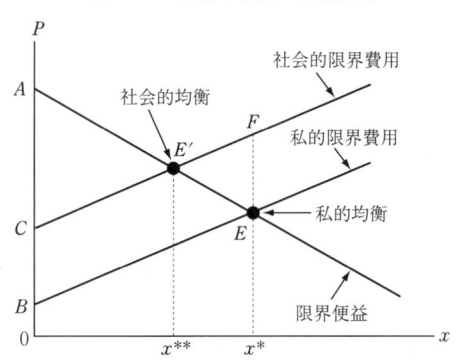

157

経済・外部費用を考慮しないとき，過剰生産（x^*-x^{**}）が生じています。

(2) 外部経済：外部便益

外部経済が存在するとき外部便益を生みます。「外部便益」とは，ある消費者が他の経済主体から「市場を経由しない」で享受している便益，換言すれば他の経済主体から便益を享受するために当該消費者が支払うべき対価のことです。

① 私的均衡：E点

外部経済が存在するとき，それを考慮しなければ，完全競争市場「私的均衡」は，私的限界費用曲線（供給者価格曲線）と私的限界便益曲線（需要者価格曲線）の交点（E点）によって定まります。

$$社会的総余剰 = CEB + AFEC （外部経済）$$
$$= AFEB = AE'B - FE'E$$

② 社会的均衡：E'点

外部経済が存在するとき，それを考慮すれば，「社会的均衡」は，私的限界費用曲線と社会的限界便益曲線の交点（E'点）によって定まります。

$$社会的総余剰 = AE'B$$

かくて，「$FE'E=$厚生上の損失」であり，それは完全競争市場「私的均衡」が市場の失敗を引き起こしていることを意味しています。当該消費者が外部経済・外部便益を考慮しないとき，過少需要（$x^{**}-x^*$）が生じています。

(1) 外部不経済：外部費用

社会的総費用＝私的総費用＋総外部費用

社会的限界費用＝私的限界費用＋限界外部費用

(2) 外部経済：外部便益

社会的総便益＝私的総便益＋総外部便益

社会的限界便益＝私的限界便益＋限界外部便益

第8章　完全競争市場は"望ましい状態"を達成できないことがある——市場の失敗

【知っておきましょう】　外部性による「市場の失敗」の補正
---

(1) 分権的解決（合併，交渉）
　① 合併
　　外部性の発生者とその影響を受けるものが合併すれば，市場の外にあったものを単一の意思決定主体の合理的行動の中に取り入れることができます。
　② 交渉
　　外部不経済のケースを取り上げ，第1生産者を加害者，第2生産者を被害者と仮定します。第1生産者に権利が所在するとき，加害者は「外部不経済によって生じたすべての損害を補償しますので，生産水準を自由に決定させて下さい」と提案し，被害者は「外部不経済によって生じたすべての損害を補償してくれるならば，生産水準を自由に決定してもらって結構です」と答えて，両者の間に合意が成立したとします。交渉による解決は被害者に社会的費用を支払うことで，外部不経済の内部化を行い，私的最適のもとで社会的最適を実現します。次に，第2生産者に権利が所在するとき，被害者は「利潤の損失をすべて補償しますので，生産水準をある水準にして下さい」と提案し，加害者は「利潤の損失をすべて補償してくれるならば，生産水準をある水準にする」と答えて，両者の間に合意が成立したとします。交渉による解決は加害者に社会的費用を支払うことで，外部不経済の内部化を行い，私的最適のもとで社会的最適が実現します。

(2) 集権的解決（課税，補助金）
　民間レベルでの自発的交渉では解決が困難である場合には，政府が市場に介入し，効率的な資源配分を実現する政策（ピグーの課税・補助金政策）を行うことが必要になります。政府は外部不経済を与えている生産者に対して，産出量1単位当たり社会的均衡点での限界外部費用（限界損害）の大きさに等しい金額（従量税）を課します。政府は外部経済を与えている生産者に対して，産出量1単位当たり社会的均衡点での限界外部便益の大きさに等しい金額（従量補助金）を与えます。

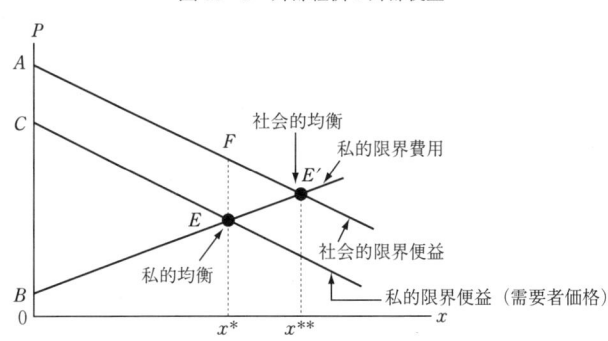

図58-2　外部経済：外部便益

第4部　市場は"望ましい状態"を達成できるのか

59　公共財——市場の失敗の第三事例

　第 i 消費者が x^i だけ消費しても，残りの消費者が消費できる量が $(x-x^i)$ になることはない財，すなわち，$x^1=x^2=x^i=\cdots\cdots=x$（等量消費）である財は「非競合性（消費の集団性）」，対価を支払わない特定の消費者の消費を排除することができない財は「非排除性（排除不可能性）」をそれぞれ持つと言われています。

　このとき，財の定義と，具体例は次のようになります。

　　純粋公共財＝非競合性と非排除性をもつ財（国防，警察）
　　純粋私的財＝競合性と排除性をもつ財（自動車）
　　メリット財（準公共財）＝競合性と非排除性をもつ財（学校給食，教科書の無償供与）
　　クラブ財（準公共財）＝非競合性と排除性をもつ財（有線放送）

　以下，公共財の最適供給量の決定を説明します。経済には公共財（第1財）と私的財（第2財）の2種類の財が存在していますが，公共財の市場だけを取り上げて部分均衡分析を行います。縦軸に，

① 　私的財の限界費用で測った公共財の限界費用 $=\dfrac{MC_1}{MC_2}$
$$=MRT_{12}$$

② 　私的財の限界効用で測った公共財の限界効用 $=\dfrac{MU_1^i}{MU_2^i}$
$$=MRS_{12}^i$$

③ 　私的財をニュメレールとした公共財の価格 $=\dfrac{P_1}{P_2}$

をとり，横軸に公共財の需給量をとります。

　　D^1, D^2＝第1, 2消費者の公共財に対する限界便益曲線
　　$D=D^1+D^2$＝公共財に対する社会全体の限界便益曲線（市場需要曲線）
　　S＝公共財の限界費用曲線（市場供給曲線）

とすると，公共財の最適供給量は D, S 曲線の交点 E で決定されます。E 点では，

第 8 章　完全競争市場は"望ましい状態"を達成できないことがある——市場の失敗

図 59 - 1　公共財の最適供給量の決定：部分均衡分析

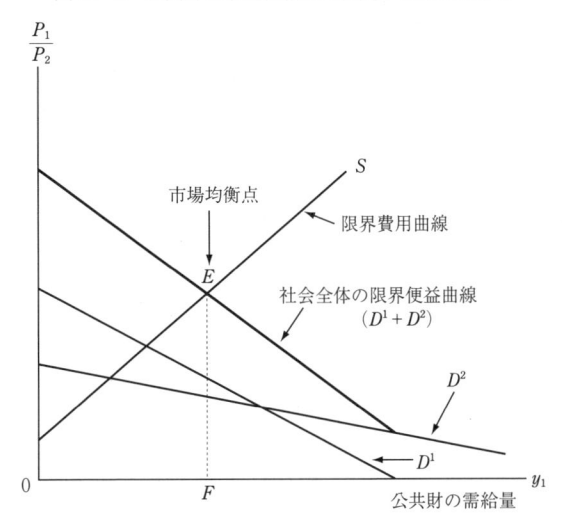

市場均衡点
S
E
限界費用曲線
社会全体の限界便益曲線　$(D^1 + D^2)$
D^2
D^1
$\frac{P_1}{P_2}$
0　F　y_1
公共財の需給量

図 59 - 2　完全競争市場メカニズム下の公共財供給：市場の失敗

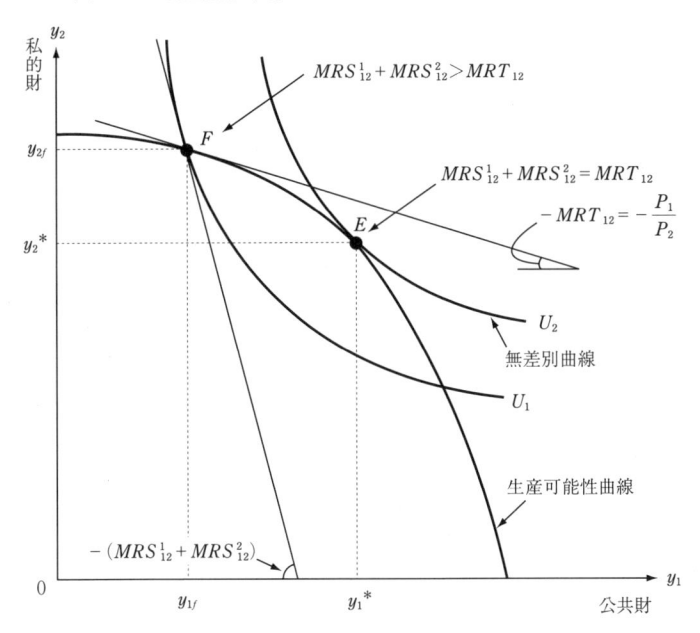

私的財
y_2
y_{2f}　F
$MRS^1_{12} + MRS^2_{12} > MRT_{12}$
y_2^*　E
$MRS^1_{12} + MRS^2_{12} = MRT_{12}$
$-MRT_{12} = -\dfrac{P_1}{P_2}$
U_2
無差別曲線
U_1
生産可能性曲線
$-(MRS^1_{12} + MRS^2_{12})$
0　y_{1f}　y_1^*　y_1
公共財

161

$$MRS^1_{12}+MRS^2_{12}=MRT_{12}$$

であり，公共財の最適供給量はOFです。

次に，完全競争市場メカニズム下の公共財供給（市場の失敗）を説明します。完全競争市場下，各消費者が効用最大化の1階の条件

$$MRS^i_{12}=\frac{P_1}{P_2}$$

を満たすように，公共財，私的財を需要し，政府がそれに対応すれば，

$$MRS^1_{12}+MRS^2_{12}>MRT_{12}\quad\left(\frac{P_1}{P_2}+\frac{P_1}{P_2}>\frac{P_1}{P_2}\right)$$

になり，サミュエルソン条件（パレート最適条件）を満たさなくなります。

「$MRS^1_{12}+MRS^2_{12}>MRT_{12}$」なので，公共財は最適供給量に比べれば過少供給（$y_{1f}<y_1{}^*$）になります。

消費者が多数存在すれば，「$MRS^i_{12}=\frac{P_1}{P_2}$」の成立する消費者と「$MRS^i_{12}<\frac{P_1}{P_2}$」の成立する消費者が混在します。「$MRS^i_{12}<\frac{P_1}{P_2}$」のとき，消費者は「公共財需要量＝0（縦軸上の点）」のコーナー解になっています。「$MRS^i_{12}<\frac{P_1}{P_2}$」の成立する消費者は「$MRS^i_{12}=\frac{P_1}{P_2}$」の成立する消費者が購入した公共財のフリー・ライダー（ただ乗り）になっています。

第8章 完全競争市場は"望ましい状態"を達成できないことがある――市場の失敗

――【知っておきましょう】 公共財供給の価格調整メカニズム：リンダール・メカニズム――

　政府による公共財供給量は，どのようにすればパレート最適水準になるのでしょうか。公共財を供給するための費用は，どのようにして徴収すればよいのでしょうか。完全競争市場メカニズムによる公共財供給がパレート最適を満たさない原因は，公共財が単一の市場価格をもっている点にあります。公共財の価格が消費者ごとに異なってもよいならば，サミュエルソン条件は成立します。

x_1^i, x_2^i＝第 i 消費者の公共財・私的財の消費量

P_{1i}＝第 i 消費者の公共財費用負担比率

　　＝私的財で測った公共財の限界便益

　　＝公共財と私的財の間の限界代替率

$P_2 = MC_2$＝私的財の価格＝1

M_i^0＝第 i 消費者の所得

「$MRT_{12} = \dfrac{MC_1}{MC_2} = MC_1 = 1$（限界変形率＝2 財の限界費用の比）」

とすると，政府は各消費者に異なる公共財価格・公共財費用負担比率 P_{1i}（$\sum P_{1i} = 1$）を提示し，各消費者は効用最大化問題を解いて，政府に公共財需要量を報告します。政府はすべての消費者の需要する公共財水準が一致する（$x_1^{1*} = x_1^{2*}$）まで，公共財価格・公共財費用負担比率 P_{1i} を変更しつづけます。「リンダール・メカニズム」はサミュエルソン条件（$MRS_{12}^1 + MRS_{12}^2 = MRT_{12}$ → $P_{11} + P_{12} = 1$）を成立させるためのメカニズムです。政府が公共財を供給するならば，各消費者の公共財に対する限界的評価（公共財と私的財の間の限界代替率）に応じて課税すれば，リンダール均衡（パレート最適状態）を達成することができます。ただし，リンダール・メカニズムは非競合性に起因する市場の失敗の問題を解決していますが，非排除性に起因する「フリー・ライダー問題」を解決するものではありません。リンダール・メカニズムではフリー・ライダーは政府に公共財需要量を過小報告し，正当な負担を回避しようとします。

図59-3　リンダール・メカニズムの構造

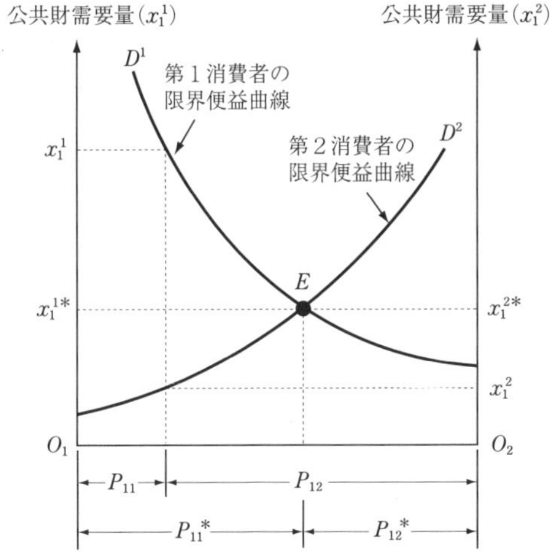

163

第5部 ミクロ経済学の応用

第9章 不確実性下の選択——確率の世界

　現実の世界は不確実なことばかりです。株価が上がるか，下がるか不確実な中で，株式と預金の二者択一を迫られることがあります。株価が上がる確率50パーセント，下がる確率50パーセントなどとして，不確実性下の合理的選択を学びます。

　不確実性下の選択問題を取り扱う経済学は「不確実性の経済学」と呼ばれています。不確実性下の選択問題を理解する第一歩は，選択対象について「何が」「どれだけの確率」で起こるのかを図式化することです。例えば，サイコロを振って，出た目に応じて報酬（$X_i = 1, 2, 3, 4, 5, 6$万円）をもらえるとしましょう。サイコロの目に応じた報酬を事象と考えれば，1万円から6万円までの事象はそれぞれ$\frac{1}{6}$の確率（p）で生じます。これは次のように図式化されます。

図9章-1 確率の世界の図式化

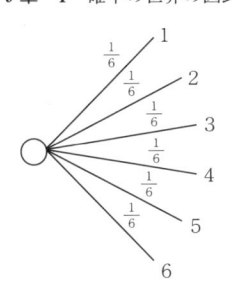

第5部 ミクロ経済学の応用

60　1つの資産のリターンとリスク
―― 過去の実績あるいはシナリオ生起確率による計算

　1回サイコロを振ってもらえる報酬の期待値（リターン）と分散（リスク）・標準偏差（リスク）を求めましょう。

① 期待値（リターン：μ_X, $E[X]$）：$E[X] = \sum_{i=1}^{n} p_i x_i$

$$E[X] = \sum_{i=1}^{6} \left(\frac{1}{6}\right) x_i = 3.5 万円$$

② 分散（リスク：σ_X^2, $V(X)$）：$V(X) = \sum_{i=1}^{n} p_i (x_i - E[X])^2$

$$V(X) = \sum_{i=1}^{6} \left(\frac{1}{6}\right) (x_i - 3.5)^2 = 2.92$$

③ 標準偏差（リスク：σ_X）：$\sigma_X = \sqrt{V(X)}$

$$\sigma_X = \sqrt{V(X)} = 1.71 万円$$

　将来の収益率を予測するには2つの方法があります。第1の方法は「過去の実績が将来も生起するとみなして推定する」方法です。第2の方法は「不確実な将来に関する複数のシナリオを描いて推定する」方法です。

(1) 過去の実績によるリターンとリスクの計算

　2006年の収益率（R）のリターンとリスクを求めましょう。Rを確率変数とみなし，01年〜05年の5年間の収益率を事象とすると，各事象の生起確率は$\frac{1}{5}$です。2006年の収益率（R）は$\frac{1}{5}$の確率で，01年〜05年の5年間の収益率のいずれかをとると考えてリターンとリスクを求めることが「過去の実績によるリターンとリスクの計算」です。

(2) シナリオ生起確率によるリターンとリスクの計算

　2006年の収益率（R）のリターンとリスクを求めましょう。Rを確率変数とみなし，好景気，普通，不景気の3つのシナリオそれぞれが生起したときの予想収益率を事象とすると，各事象の生起確率は0.3，0.4，0.3です。2006年の収益率（R）は，確率0.3で30％，確率0.4で10％，確率0.3で－5％をとると考えてリターンとリスクを求めることが，「シナリオ生起確率によるリターンとリスクの計算」です。

第9章 不確実性下の選択——確率の世界

(1) 過去の実績による2006年のリターンとリスクの計算

	2001年	2002年	2003年	2004年	2005年
収益率(R)	5.0	4.5	5.5	4.0	3.5
偏差	0.5	0.0	1.0	−0.5	−1.0
偏差の2乗	0.25	0.0	1.0	0.25	1.0

偏差＝収益率−リターン
　　＝$R_i - E[R]$
　　＝$R_i - 4.5$

2006年の収益率の確率分布は確率$\frac{1}{5}$で、2001〜2005年の収益率の実績値がそれぞれ起こると想定している。

期待収益率（リターン）＝$E[R] = \frac{1}{5} \times (5.0+4.5+5.5+4.0+3.5) = 4.5\%$

分散（リスク）＝$V(R) = \frac{1}{5} \times \{0.5^2 + 0.0^2 + 1.0^2 + (-0.5)^2 + (-1.0)^2\} = 0.5$

標準偏差（リスク）＝$\sigma(R) = \sqrt{V(R)} \fallingdotseq 0.71$

(2) シナリオ生起確率による2006年のリターンとリスクの計算

2006年のシナリオ	シナリオ生起確率	収益率（R）
好景気	0.3	30%
普通	0.4	10%
不景気	0.3	−5%

シナリオ生起確率の合計は1である。

2006年の収益率の確率分布は確率0.3で収益率30%、0.4で10%、0.3で−5%がそれぞれ起こると想定している。

期待収益率（リターン）＝$E[R] = 0.3 \times 30 + 0.4 \times 10 + 0.3 \times (-5) = 11.5\%$

分散（リスク）＝$V(R) = 0.3 \times (30-11.5)^2 + 0.4 \times (10-11.5)^2 + 0.3 \times (-5-11.5)^2 = 185.25$

標準偏差（リスク）＝$\sigma(R) = \sqrt{V(R)} \fallingdotseq 13.61$

第5部 ミクロ経済学の応用

61 期待効用仮説と平均・分散アプローチ

　確率 p で賞金 x_1 を，確率 $(1-p)$ で賞金 x_2 をもたらす宝くじ a は，
$$a = [x_1, x_2 ; p, (1-p)]$$
で表すことができます。「宝くじ」の例示として，安全資産（貨幣）と危険資産（株式）を取り上げます。貨幣については，期首時点の100万円は，確率1で期末時点には100万円になります。株式については，期首時点の100万円は，期末時点には，確率0.5で120万円（株価上昇），確率0.5で80万円（株価下落）になります。

$$安全資産 = a^1 = [100 ; 1]$$
$$危険資産 = a^2 = [120, 80 ; 0.5, 0.5]$$

(1) 期待効用仮説

　経済主体は期待効用（何らかの効用の数学的期待値）の最大化を行動基準として，不確実性をもった財の間の合理的選択を行います。投資家が，不確実性のもとで，一定の合理性の公準を満たす行動をとるならば，（VNM：ノイマン＝モルゲンシュテルンの）効用関数 $u(x)$ が存在して，しかも貨幣と株式の間の選択は，期末時点の資産価値から得られる効用の期待値，つまり期待効用の大小で行うことができます。

(2) 平均・分散アプローチ

　資産選択行動を，リターン（期待値：μ）とリスク（分散あるいは標準偏差：σ^2 あるいは σ）の2つの尺度を用いて分析するオペレーショナルな手法は，「平均・分散アプローチ」あるいは「2パラメータ・アプローチ」と呼ばれています。個人の効用関数が任意のものであっても，確率分布が正規分布である場合には，平均・分散アプローチは，期待効用最大化仮説による資産選択理論と同じ結論をもたらす理論です。

第9章 不確実性下の選択——確率の世界

① 安全資産（貨幣）
　期首の100万円——（確率1）→期末の100万円
② 危険資産（株式）
　期首の100万円　（確率0.5：株価上昇）→期末の120万円
　　　　　　　　　（確率0.5：株価下落）→期末の80万円

（1）期待値と期待効用

① 安全資産
$E[X^1] = 1 \times 100 = 100$
$E[u(X^1)] = 1 \times u(100)$

② 危険資産
$E[X^2] = 0.5 \times 120 + 0.5 \times 80 = 100$
$E[u(X^2)] = 0.5 \times u(120) + 0.5 \times u(80)$

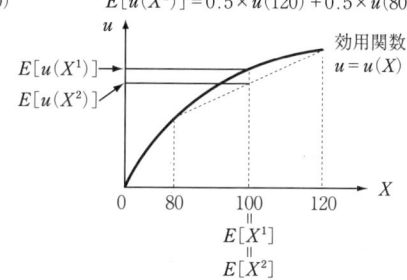

効用関数 $u = u(X)$

$E[X^1] = E[X^2]$

（2）平均・分散アプローチ
$E[u] = \mu - \lambda \sigma^2$ （期待効用関数）
ここで，$E[u]$ = 期待効用
　　μ = リターン
　　σ^2 = リスク（分散）
　　λ = 投資家のリスク回避係数

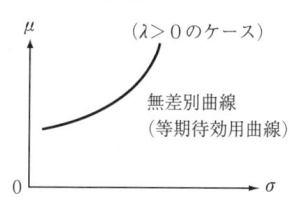

（$\lambda > 0$ のケース）
無差別曲線
（等期待効用曲線）

【知っておきましょう】 投資家のリスク回避係数

期待効用関数を $E[u] = \mu - \lambda \sigma^2$ と特定化したとき，λ は「投資家のリスク回避係数」と呼ばれ，投資家のリスクに対する態度はリスク回避係数の正負によって決まります。$\lambda > 0$ はリスク回避者，$\lambda = 0$ リスク中立者，$\lambda < 0$ はリスク愛好者をそれぞれ意味しています。λ が大きければ大きいほど，リスクを回避する傾向が強いことを意味しています。

【知っておきましょう】 期待値と期待効用

① 期待値：$E[X] = \sum p_i x_i$
　　$E[X^1] = 1 \times 100 = 100$
　　$E[X^2] = 0.5 \times 120 + 0.5 \times 80 = 100$
② 期待効用（効用の数学的期待値）：$E[u(X)] = \sum p_i u(x_i)$
　$E[u(X^1)] = 1 \times u(100)$
　$E[u(X^2)] = 0.5 \times u(120) + 0.5 \times u(80)$

第5部　ミクロ経済学の応用

62　リスクに対する投資家の選好——効用関数

「期待効用仮説」（☞ p. 168）によれば，安全資産と危険資産の間の選択は期待効用の大小で行うことができます。

$E[u(X^1)] = 1 \times u(100)$　　　　　　（貨幣の期待効用）

$E[u(X^2)] = 0.5 \times u(120) + 0.5 \times u(80)$　　（株式の期待効用）

しかし，効用関数 $u = u(x)$ の形が分からなければ，上記2つの期待効用の大小を比べることはできません。

横軸に「$x=$期末時点の富の額」，縦軸に「$u=$効用」をとって，リスク回避者，リスク愛好者，リスク中立者の効用関数を図示しましょう。x の増大に伴い限界効用がどのように変化するのかを見ましょう。

不確実性下の選択（安全資産と危険資産の選択）は投資家の「リスクに対する選好」に依存しています。リスク回避者，リスク愛好者，リスク中立者の効用関数の図示は右ページです。x の増大に伴い，限界効用 $\left(u'(x) = \dfrac{du}{dx}\right)$ は，リスク回避者のとき逓減し，リスク愛好者のとき逓増します。リスク中立者のときは，x に関係なく限界効用は一定です。

【こんな問題に出会ったら】

効用関数 $u=u(x)$ が次のような形をしているとき，その個人はリスク回避者，リスク愛好者，リスク中立者のいずれですか。

① 　$u = e^x$
② 　$u = x^{\frac{4}{5}}$
③ 　$u = 2x$

リスク回避者，リスク愛好者，リスク中立者のいずれであるかは，効用関数の2次の導関数の符号（限界効用の変化）によって分かります（答え）。

① 　$u' = e^x$ 　　　　$u'' = e^x > 0$ 　（リスク愛好）
② 　$u' = \dfrac{4}{5}x^{-\frac{1}{5}}$ 　　$u'' = -\dfrac{4}{25}x^{-\frac{6}{5}} < 0$ 　（リスク回避）
③ 　$u' = 2$ 　　　　$u'' = 0$ 　（リスク中立）

第 9 章　不確実性下の選択——確率の世界

（1）　リスク回避者：$u=u(x)$，$u'(x)>0$，$u''(x)<0$

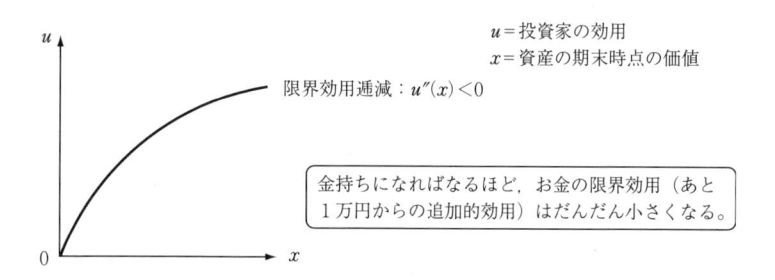

$u=$ 投資家の効用
$x=$ 資産の期末時点の価値

限界効用逓減：$u''(x)<0$

> 金持ちになればなるほど，お金の限界効用（あと1万円からの追加的効用）はだんだん小さくなる。

（2）　リスク中立者：$u=u(x)$，$u'(x)>0$，$u''(x)=0$

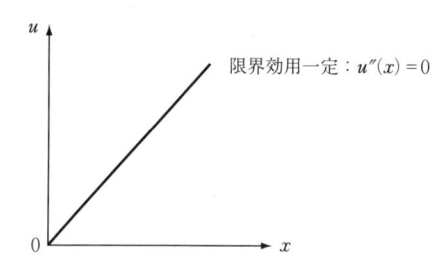

限界効用一定：$u''(x)=0$

（3）　リスク愛好者：$u=u(x)$，$u'(x)>0$，$u''(x)>0$

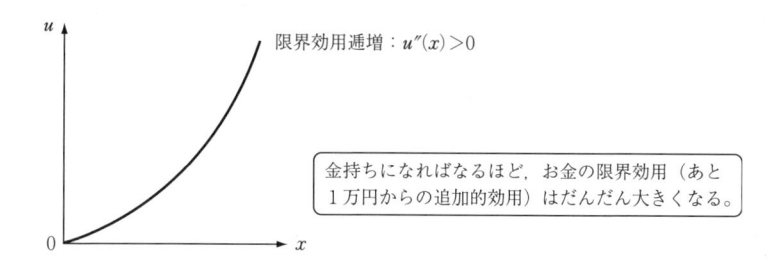

限界効用逓増：$u''(x)>0$

> 金持ちになればなるほど，お金の限界効用（あと1万円からの追加的効用）はだんだん大きくなる。

【知っておきましょう】　絶対的リスク回避度と相対的リスク回避度

① 　絶対的リスク回避度 $= -\dfrac{u''}{u'}$

② 　相対的リスク回避度 $= -\dfrac{xu''}{u'}$

第5部　ミクロ経済学の応用

63　リスク回避者・保険プレミアムとリスク愛好者・危険プレミアム

　正のリスク・プレミアム（保険プレミアム：ρ）はリスクに直面することによるリスク回避者の不効用，負のリスク・プレミアム（危険プレミアム：ρ'）はリスクに直面することによるリスク愛好者の効用をそれぞれ表しています。

　リスク・プレミアム（RP）を求める際には，

① 　$E[X] \equiv \sum p_i x_i = X$ の期待値

② 　$E[u(X)] = \sum p_i u(x_i) = X$ の期待効用

③ 　$y = E[u(X)]$ と同水準の効用を確実に得ることのできる富（すなわち，$u(y) = E[u(X)]$）

をまず求めます。リスク・プレミアム（RP）は，

$$RP \equiv E[X] - y$$

として計算されます。

【こんな問題に出会ったら】

　効用関数 $u = 9\sqrt{x}$ をもっている投資家の次の危険資産
$$a = [x\,;\,\pi] = [x_1,\,x_2\,;\,\pi_1,\,\pi_2] = \left[100,\,900\,;\,\frac{5}{8},\,\frac{3}{8}\right]$$
に対するリスク・プレミアムを求めなさい。

　$u' = \frac{9}{2} x^{-\frac{1}{2}},\ u'' = -\frac{9}{4} x^{-1} < 0$ であるので，この投資家はリスク回避者です。

$$E[X] = \frac{5}{8} \times 100 + \frac{3}{8} \times 900 = 400$$

$$\begin{aligned}E[u(X)] &= \frac{5}{8} \times u(100) + \frac{3}{8} \times u(900) \\ &= \frac{5}{8} \times 90 + \frac{3}{8} \times 270 \\ &= \frac{315}{2}\end{aligned}$$

であるので，

$$u(y) = \frac{315}{2}$$

を満たす y^* を求めると，$y^* = \frac{1225}{4}$（「確実同値額」）です。したがって，

$$RP \equiv E[X] - y^* = 400 - (1225/4) = 375/4 \text{（保険プレミアム：答え）}$$

が得られます。

第9章　不確実性下の選択——確率の世界

（1）リスク回避者と保険プレミアム（負の危険プレミアム）

$$1 \times u(100) \quad > \quad 0.5 \times u(120) + 0.5 \times u(80)$$
（貨幣の期待効用）　　　（株式の期待効用）
$\downarrow \quad \rho =$ 保険プレミアム（負の危険プレミアム）
$$1 \times u(100-\rho) = 0.5 \times u(120) + 0.5 \times u(80)$$

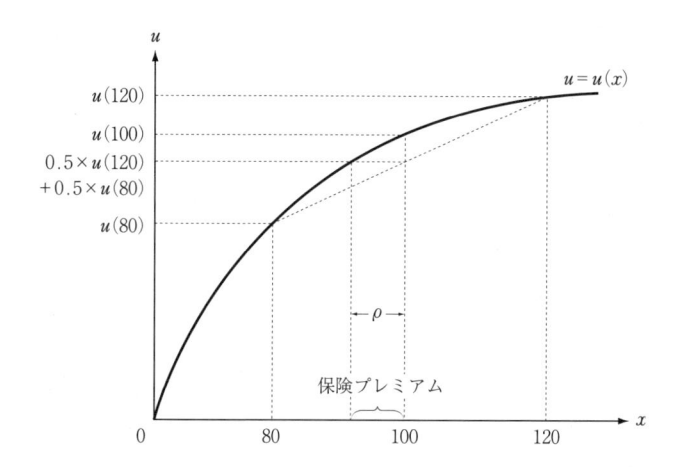

（2）リスク愛好者と危険プレミアム

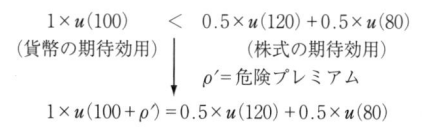

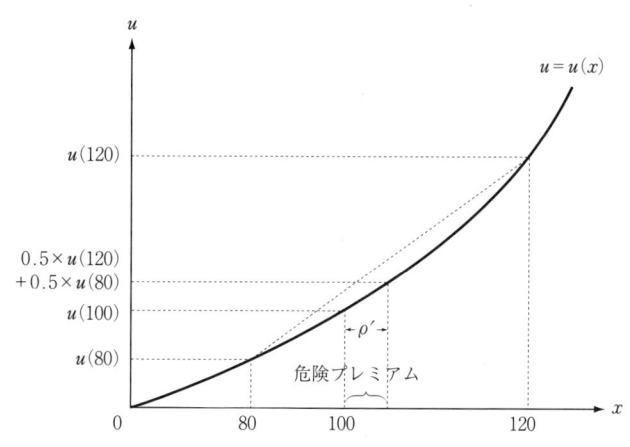

$$1 \times u(100) \quad < \quad 0.5 \times u(120) + 0.5 \times u(80)$$
（貨幣の期待効用）　　　（株式の期待効用）
$\downarrow \quad \rho' =$ 危険プレミアム
$$1 \times u(100+\rho') = 0.5 \times u(120) + 0.5 \times u(80)$$

64 リターンとリスクに対する投資家の選好——無差別曲線

　資産の期末価値 X は正規分布にしたがっていると仮定しているので，X の期待効用は平均 μ，分散 σ^2 のみで決定されます。ですから，投資家の選好関係は，リターン（期待値）とリスク（分散あるいは標準偏差）のみに依存していると仮定できるでしょう。

　無差別曲線（等期待効用曲線）は，縦軸にリターン（期待値），横軸にリスク（標準偏差）をとって，投資家の選好関係を表したものです。

(1) リスク回避者の無差別曲線

　投資家がリスク回避者ならば，期待効用の水準を一定に保とうとすれば，リスクの増大に対しては高いリターンを要求するので，無差別曲線は右上がりになります。リスク回避者は，リターンが同じであれば，リスクがより小さいものの方を選好します（$U_1 < U_2 < U_3$）。

(2) リスク中立者の無差別曲線

　投資家がリスク中立者ならば，期待効用はリスクの大きさのいかんにかかわらず，リターンのみに依存しているので，無差別曲線は横軸に平行な直線になります。

(3) リスク愛好者の無差別曲線

　投資家がリスク愛好者ならば，期待効用の水準を一定に保とうとすれば，リターンの減少に対して高いリスク（大損もあるが，大儲けもある可能性）を要求するので，無差別曲線は右下がりになります。リスク愛好者は，逆にリターンが同じであれば，リスクがより大きいものの方を選好します（$U_1 < U_2 < U_3$）。

① どの投資家も、リターンは高ければ高いほど好ましいと考えている（$U_3 > U_2 > U_1$）。
② リスクに対する好みは投資家によって異なる。つまり、「大損するかもしれないが、大儲けにかけることを好む」という意味でリスク好きの投資家もいれば、「大損は嫌なので、儲けは小さくてもよいことを好む」という意味でリスク嫌いの投資家もいる。

（1） リスク回避者（risk averter）

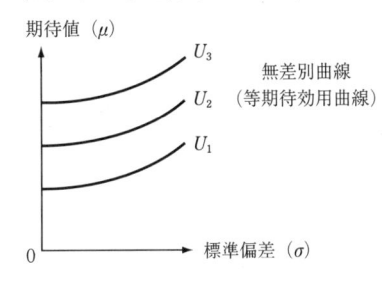

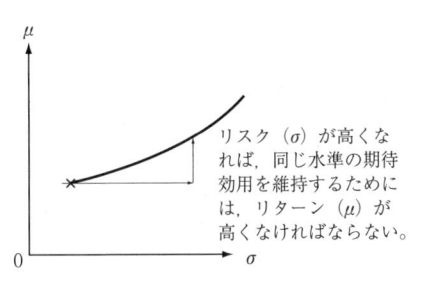

期待値（μ）／標準偏差（σ）

無差別曲線（等期待効用曲線）

リスク（σ）が高くなれば、同じ水準の期待効用を維持するためには、リターン（μ）が高くなければならない。

（2） リスク中立者（risk neutral）

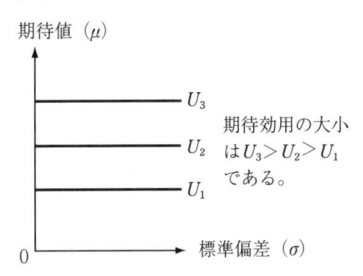

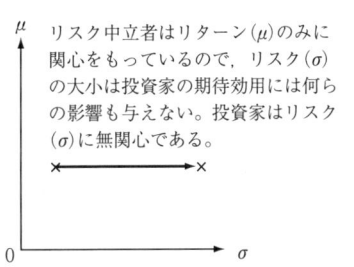

期待値（μ）／標準偏差（σ）

期待効用の大小は $U_3 > U_2 > U_1$ である。

リスク中立者はリターン（μ）のみに関心をもっているので、リスク（σ）の大小は投資家の期待効用には何らの影響も与えない。投資家はリスク（σ）に無関心である。

（3） リスク愛好者（risk lover）

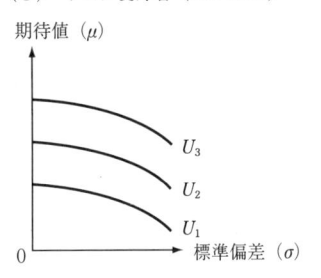

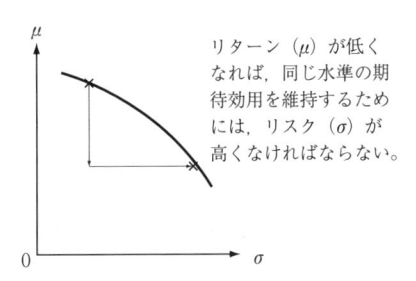

期待値（μ）／標準偏差（σ）

リターン（μ）が低くなれば、同じ水準の期待効用を維持するためには、リスク（σ）が高くなければならない。

第5部　ミクロ経済学の応用

65　保険——被保険者と保険会社

(1) 被保険者の期待効用最大化問題：保険口数の決定

x_1, x_2＝事故が生じなかったとき，事故が生じたときの消費額

$\pi, (1-\pi)$＝事故が生じる確率，生じない確率

W＝事故が生じる前の資産価額

z＝被保険者が加入する保険の口数（粗保険金は1口当たり1万円です）

q＝粗保険金1口当たりの保険料率

d＝事故による損失額（ただし，$d \leq W - qz$）

としましょう。不確実性下の選択問題を理解する第一歩は，選択対象について「何が」「どれだけの確率」で起こるのかを図式化することであり，被保険者の直面している問題を図式化しましょう。保険に加入しないときは，

$$\text{期首時点の}W \begin{cases} (\text{確率}：1-\pi) \to \text{期末時点の } W \\ (\text{確率}：\pi) \to \text{期末時点の } W-d \end{cases}$$

であり，保険に加入するときは，

$$\text{期首時点の}W \begin{cases} (\text{確率}：1-\pi) \to \text{期末時点の } W-qz \\ (\text{確率}：\pi) \to \text{期末時点の } W-d-qz+z \end{cases}$$

です。

被保険者の期待効用最大化問題は，

Max　$U = E[u(x)] = (1-\pi)u(x_1) + \pi u(x_2)$　（期待効用最大化）

s.t.　$x_1 = W - qz$　（事故が生じなかったときの消費）

$x_2 = W - d + z - qz$　（事故が生じたときの消費）

であり，上記の両制約式の z を消去すると，次の保険線を得ることができます。

$$x_2 = -\left\{\frac{(1-q)}{q}\right\}x_1 + \frac{W}{q} - d \quad \text{（保険線：被保険者の予算制約式）}$$

被保険者の期待効用最大化の1階の条件は，

$$\frac{dU}{dz} = -(1-\pi)qu'(x_1) + \pi(1-q)u'(x_2) = 0$$

であり，

$$\{\frac{(1-\pi)}{\pi}\}\{\frac{u'(x_1)}{u'(x_2)}\} = \frac{(1-q)}{q}$$

　　　　限界代替率　＝保険線の傾きの絶対値

$$x_2 = -\{\frac{(1-q)}{q}\}x_1 + \frac{W}{q} - d \quad （保険線：被保険者の予算制約式）$$

の2本の方程式より x_1^*, x_2^*, したがって z^*（最適保険口数）を得ることができます。

(2) 保険会社の期待利潤：保険料の決定

さらに，

　　　Π_1, Π_2＝事故が生じなかったとき，事故が生じたときの利潤額
　　　n＝被保険者数

としましょう。不確実性下の問題を理解する第一歩は「何が」「どれだけの確率」で起こるのかを図式化することであり，保険会社の直面している問題を図式化しましょう。

　　　　保険会社の利潤 $\Bigg\langle$ （確率：$1-\pi$）→$\Pi_1 = nqz$
　　　　　　　　　　　　　（確率：π）→$\Pi_2 = n(qz-z) = nqz - nz$

　被保険者は危険回避者，保険会社は危険中立者であるとしましょう。保険会社の期待利潤は，

$$E[\Pi] = (1-\pi)\Pi_1 + \pi\Pi_2 = (1-\pi)nqz + \pi(nqz - nz)$$

であり，このとき，保険市場が完全競争市場であり，参入・退出が自由に行われるのであれば，長期的には，保険会社の期待利潤はゼロになります。したがって，保険会社がこのような保険市場にいれば，

$$E[\Pi] = (1-\pi)\Pi_1 + \pi\Pi_2 = (1-\pi)nqz + \pi(nqz - nz) = 0$$

であるので，

　　　$q = \pi$　　　（1口当たりの保険料率＝事故が生じる確率）

が成立します。すなわち，保険産業の長期均衡下では，1口当たりの保険料率は事故が生じる確率に等しいように設定されます。

第5部　ミクロ経済学の応用

66　被保険者の期待効用最大化問題——完全保険

被保険者が「$q=\pi$（1口当たりの保険料率＝事故が生じる確率）」に直面すると，被保険者の期待効用最大化の1階の条件は，
$$\{\frac{(1-\pi)}{\pi}\}\{\frac{u'(x_1)}{u'(x_2)}\}=\frac{(1-q)}{q}$$
において，保険料が「$q=\pi$」と設定されれば，
$$\frac{u'(x_1)}{u'(x_2)}=1$$
になり，したがって「$x_1^*=x_2^*$」になります。

被保険者の最適消費は事故の生起のいかんにかかわりなく等しく，それは被保険者が「完全保険」「公平な保険」「100％保険」の状態にあると呼ばれています。つまり，

　　　$x_1^*=W-qz$　　　　　（事故が生じなかったときの消費）

　　　$x_2^*=W-d+z-qz$　　（事故が生じたときの消費）

であるので，被保険者の最適保険口数は「$z^*=d$」であり，

　　　$x_1^*=W-qz$　　　　　（事故が生じなかったときの消費）

　　　$x_2^*=W-qz$　　　　　（事故が生じたときの消費）

です。

図 66 - 1　被保険者の期待効用最大化問題：保険口数の決定

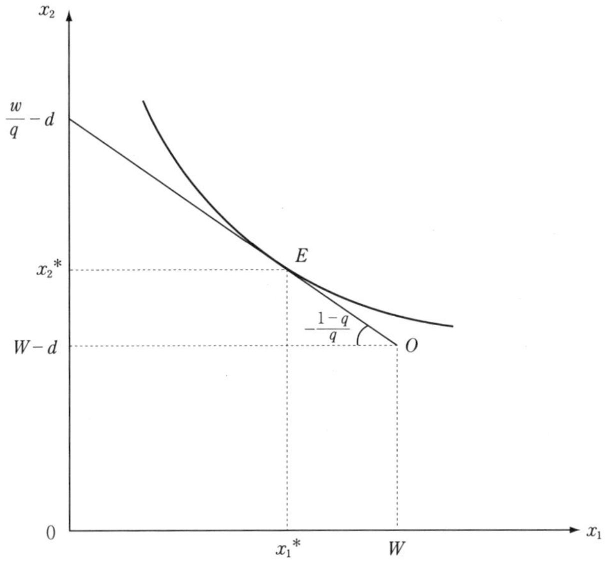
x_2
$\frac{w}{q}-d$
x_2^*
$W-d$
E
$-\frac{1-q}{q}$
O
0
x_1^*
W
x_1

図 66 - 2　被保険者の期待効用最大化問題：保険口数の決定

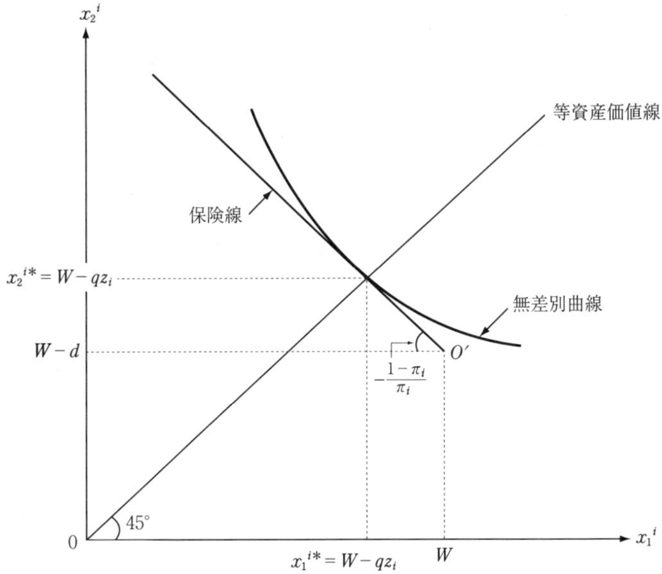
x_2^i
等資産価値線
保険線
$x_2^{i*}=W-qz_i$
無差別曲線
$W-d$
O'
$-\frac{1-\pi_i}{\pi_i}$
45°
0
$x_1^{i*}=W-qz_i$
W
x_1^i

第5部 ミクロ経済学の応用
第10章 ゲーム理論──プレイヤー間の関係と戦略

　ゲーム理論は，作用・反作用のある経済環境下で，最善の意思決定をいかにして行うかという問題意識から出発しています。つまり，さまざまな状況下で自分がこのようなアクションをとれば，相手はどのようなリアクションをとり，そのとき自分はどのようなリ・リアクションをとるか，という連続的問題を取り扱っています。

第5部 ミクロ経済学の応用

67 ゲームの4つの基本要素

　ゲームは「プレイヤー」「戦略」「利得」「情報」といった4つの基本要素から構成されています。以下では「囚人のジレンマ」ゲームを取り上げて，ゲームを構成している4つの基本要素を説明しましょう。

(1) プレイヤー：n人ゲーム

　ゲームの参加者は「プレイヤー」と呼ばれ，囚人のジレンマ・ゲームでは2人の泥棒（プレイヤーA, B）です。プレイヤーは合理的に行動する（つまり，自分の利得が最大になるように行動する）とします。

(2) 戦略

　プレイヤーの行動計画のことで，ここでは「黙秘」「自白」の2つです。囚人Aは，囚人Bが黙秘すれば自白し，自白すれば自白します（☞表70-1）。

(3) 利得

　戦略によって達成された，数値で表現された結果です。利得には，プレイヤーの価値観，戦略，相手との関係，環境などが集約的に現れています。プレイヤーの意思決定（戦略の選択）は利得の大小を比較することで行われます。戦略と利得をマトリックス形式にしたものが「利得表」です（☞表70-1）。

(4) 情報

　知識のことであり，ゲーム参加者の知識の状態は1つには「完備・不完備情報」，もう1つには「完全・不完全情報」があります。どんなプレイヤーがいるのかや，各プレイヤーの戦略や利得構造をわかっていることは「完備情報」，各プレイヤーが，自分の手番の前に他のプレイヤーがとった戦略を全部知っていることは「完全情報」とそれぞれ呼ばれています。

第10章　ゲーム理論——プレイヤー間の関係と戦略

---【知っておきましょう】　プレイヤー間の関係---
　プレイヤー間の関係には「対立」「競争」「協調」「出し抜き」「裏切り」「補完」「代替」「提携（結託）」などがあります。

---【知っておきましょう】　「自然」というプレイヤー---
　「自然（不確実性）」は擬人化され，1人のプレイヤーとみなされます。例えば，「硬貨を投げて表が出るか裏が出るかが分からない」という自然を取り上げましょう。人は自然が表を出すのか裏を出すのか，つまり自分がAの位置にいるのかBの位置にいるのかわからないので，そのことを示すために，ゲーム理論ではAとBの黒丸をさらに丸で囲っています（☞図67-1）。

---【知っておきましょう】　戦略を選ぶ順番：同時手番と逐次手番---
　戦略を選ぶ順番は「手番」と呼ばれ，同時手番と逐次手番があります。同時・逐次は物理的時間についてではなく，相手の戦略を知ることなしに自分の戦略を選択するゲーム（たとえば，じゃんけん）は「同時手番」ゲーム，相手の戦略を知ったうえで交互に戦略を選択するゲーム（たとえば，将棋）は「逐次手番」ゲームとそれぞれ呼ばれています。

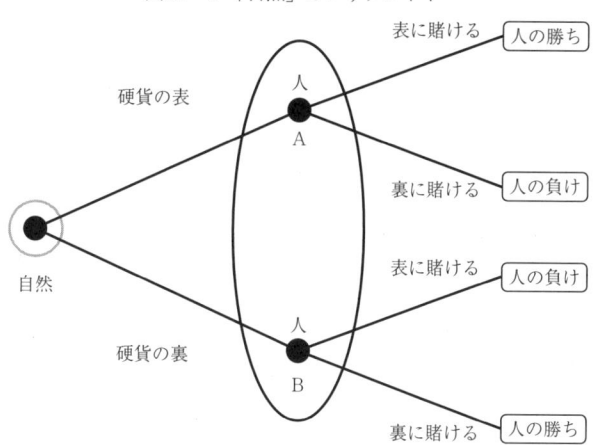

図67-1　「自然」というプレイヤー

第 5 部　ミクロ経済学の応用

68　ナッシュ均衡——純粋戦略

　ゲームにおいては，各プレイヤーは自分の利得を最大化するために，相手の戦略を読み込んだ上で自分の戦略を決めようとします。その結果，もう利得は増えないと判断されたら，各プレイヤーは戦略を決定します。その状態は「ゲームの解」と呼ばれ，ナッシュ均衡はゲームの解です。「ナッシュ均衡」はゲームに参加している複数のプレイヤーが，それ以外の点では利得が減ってしまうために，もはや戦略を変えようとはしない状態のことです。

　選択に確率を用いない戦略は「純粋戦略」，選択に確率を用いる戦略は「混合戦略」とそれぞれ呼ばれています。たとえていえば，硬貨を投げて表が出れば「右」戦略，裏が出れば「左」戦略といった確率的に決める戦略が「混合戦略」であり，硬貨を投げることなしに「右」あるいは「左」戦略をとる戦略が「純粋戦略」です。純粋戦略では「右」あるいは「左」が決定変数（戦略）であり，混合戦略では右あるいは左がそれぞれどのように出るかの確率が選択変数です。ここでは，支配戦略がないゲームにおける純粋戦略のみに限定し，各プレイヤーは戦略を1つだけ決めることができるとしましょう。以下の2つの「利得表」からナッシュ均衡を求めましょう。

(1)　ナッシュ均衡がある場合：純粋戦略（表 68-1）

　ゲームにおいては，互いに相手がどんな戦略をとるかを読まなければなりませんが，戦略の選択は利得の大小によって決定されます。下記の利得表では，1つのセルにおいて，プレイヤーAの利得を左に，プレイヤーBの利得を右に書きます。プレイヤーが，相手の戦略を所与として自分の利得を最大にする戦略を選ぶことは「最適反応」と呼ばれ，「ナッシュ均衡」は各プレイヤーが互いに最適反応をしている状態です。利得表で，相手の戦略を所与とした場合に，自分の戦略がもたらす利得の小さいほうを斜線で消すという方法でナッシュ均衡を見つけましょう。プレイヤーAは，プレイヤーBが戦略 β_1 をとる場合には第1列のセル（3，6）（6，4）の左の利得3，6を比較して3を消去します。

プレイヤーBが戦略β_2をとる場合には第1列のセル（8，2）（4，3）の左の利得8，4を比較して4を消去します。同様にして，プレイヤーBは，プレイヤーAが戦略α_1をとる場合には第1行のセル（3，6）（8，2）の右の利得6，2を比較して2を消去します。プレイヤーAが戦略α_2をとる場合には第2行のセル（6，4）（4，3）の右の利得4，3を比較して3を消去します。かくて，最適反応していないほうの利得を斜線で消去していくと，最適反応であったほうの戦略の利得は斜線で消去されずに残ることになります。まったく斜線が引かれていないセル（6，4）はナッシュ均衡です。なお，利得の数値が等しい場合は，どちらにも斜線を引かないこととします。

(2) ナッシュ均衡がない場合：純粋戦略（表68‐2）

プレイヤーAは，Bが戦略β_1をとる場合には第1列のセル（3，6）（6，4）の左の利得3，6を比較して3を消去します。Bが戦略β_2をとる場合には第1列のセル（8，2）（4，5）の左の利得8，4を比較して4を消去します。同様にして，プレイヤーBは，Aが戦略α_1をとる場合には第1行のセル（3，6）（8，2）の右の利得6，2を比較して2を消去します。Aが戦略α_2をとる場合には第2行のセル（6，4）（4，5）の右の利得4，5を比較して4を消去します。ここでは，どのセルにも斜線が引かれていて，互いに最適反応となっている戦略の組はなく，ナッシュ均衡は存在しません。

【知っておきましょう】　支配戦略

相手がどう出てこようと，自分の戦略の中でつねに他の戦略をとるよりは良いという戦略があれば，それは「支配戦略」と呼ばれています。

表68‐1　利得表：均衡がある場合

		プレイヤーBの戦略	
		β_1	β_2
プレイヤーAの戦略	α_1	(3̸, 6)	(8, 2̸)
	α_2	(6, 4)	(4̸, 3̸)

↑ナッシュ均衡

表68‐2　利得表：均衡がない場合

		プレイヤーBの戦略	
		β_1	β_2
プレイヤーAの戦略	α_1	(3̸, 6)	(8, 2̸)
	α_2	(6, 4̸)	(4̸, 5)

69 ナッシュ均衡——混合戦略

　支配戦略がないゲームにおける混合戦略を取り上げ，各プレイヤーが戦略を1つだけに決めるのではなく，戦略を確率的に混ぜ合わせるとしましょう（混合戦略で確率1のときが純粋戦略です）。J. F. ナッシュは「混合戦略までを含めて考えれば，戦略の数が有限でプレイヤーの数が有限であるゲームでは，均衡が必ず存在する」ことを証明し，これは「ナッシュの定理」と呼ばれています。

　「ナッシュ均衡がない場合：純粋戦略」（☞表68-2）の例証として取り上げた利得表で，混合戦略を用いてナッシュ均衡を求めましょう。プレイヤーAが戦略 α_1 をとる確率を p，戦略 α_2 をとる確率を $(1-p)$ とし，プレイヤーBが戦略 β_1 をとる確率を q，戦略 β_2 をとる確率を $(1-q)$ とします。

　プレイヤーAの利得は3，8，6，4のいずれかになり，Aの期待利得（E_A）は次のようにして計算されます。期待利得は各利得とその利得が生まれる確率との積の総和であるので，

$$E_A = p \times q \times 3 + p \times (1-q) \times 8 + (1-p) \times q \times 6 \\ + (1-p) \times (1-q) \times 4 = 4p + 2q - 7pq + 4$$

　同様にして，プレイヤーBの利得は6，2，4，5のいずれかになり，Bの期待利得（E_B）は次のようにして計算されます。

$$E_B = p \times q \times 6 + p \times (1-q) \times 2 + (1-p) \times q \times 4 \\ + (1-p) \times (1-q) \times 5 = -3p - q + 5pq + 5$$

(1) プレイヤーAの最適反応のグラフ

　E_A の右辺をプレイヤーAが自分で決めることのできる確率 p で整理すると，

$$E_A = p(-7q + 4) + (2q + 4)$$

が得られます。$0 \leq p \leq 1$ であり，E_A の大きさは $(-7q+4)$ に依存していることが分かります。

　① $(-7q+4) > 0$ のとき，プレイヤーAは p を最大（1）にします。
　② $(-7q+4) < 0$ のとき，プレイヤーAは p を最小（0）にします。

第10章 ゲーム理論——プレイヤー間の関係と戦略

表 69-1 利得表：混合戦略

		プレイヤーBの戦略	
		q	$1-q$
プレイヤーAの戦略	p	(3, 6)	(8, 2)
	$1-p$	(6, 4)	(4, 5)

図 69-1 プレイヤーBに対するプレイヤーAの最適反応の軌跡

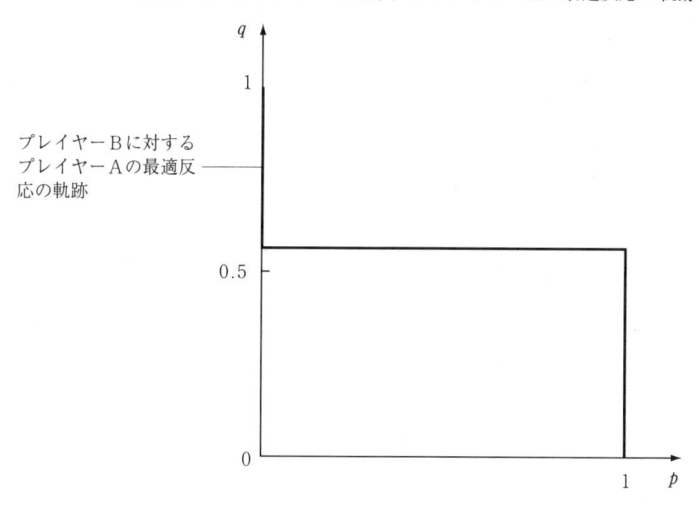

プレイヤーBに対するプレイヤーAの最適反応の軌跡

187

③ $(-7q+4) = 0$ のとき，プレイヤーAはどんな p でもかまいません。

これを図示したものが「プレイヤーBに対するプレイヤーAの最適反応の軌跡」です。

(2) プレイヤーBの最適反応のグラフ

同様にして，E_B の右辺をプレイヤーBが自分で決めることのできる確率 q で整理すると，

$$E_B = q(5p-1) + (-3p+5)$$

が得られます。$0 \leq q \leq 1$ であり，E_B の大きさは $(5p-1)$ に依存していることが分かります。

① $(5p-1) > 0$ のとき，プレイヤーBは q を最大（1）にします。
② $(5p-1) < 0$ のとき，プレイヤーBは q を最小（0）にします。
③ $(5p-1) = 0$ のとき，プレイヤーBはどんな q でもかまいません。

これを図示したものが「プレイヤーAに対するプレイヤーBの最適反応の軌跡」です。

以上で求めたプレイヤーA，Bのそれぞれの相手の戦略に対する最適反応の軌跡を1つの図にしたものが図69-3です。2本の軌跡の交点（$p = \frac{1}{5}$，$q = \frac{4}{7}$）はナッシュ均衡を実現する戦略の確率の組です。プレイヤーAは戦略 α_1 を $\frac{1}{5}$，戦略 α_2 を $\frac{4}{5}$ の確率でとり，プレイヤーBは戦略 β_1 を $\frac{4}{7}$，戦略 β_2 を $\frac{3}{7}$ の確率でとります。

第10章 ゲーム理論——プレイヤー間の関係と戦略

図69-2 プレイヤーAに対するプレイヤーBの最適反応の軌跡

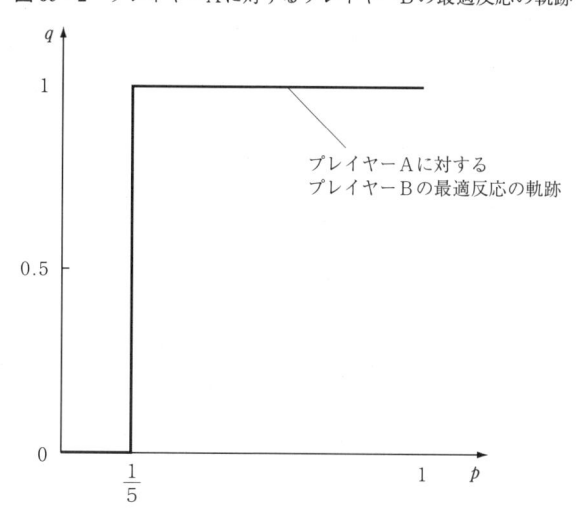

図69-3 ナッシュ均衡：混合戦略

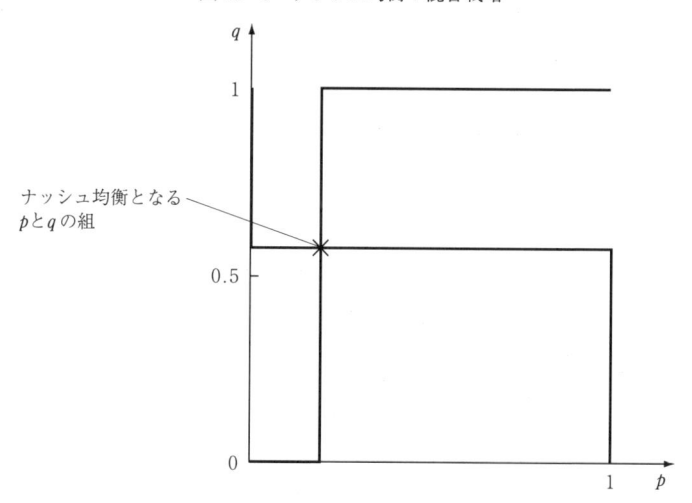

70 ゲームの3つのパターン——囚人のジレンマ，チキン・ゲーム，男と女のバトル

「囚人のジレンマ」「チキン・ゲーム」「男と女のバトル」はゲームの3つの有名なパターンです。

(1) 囚人のジレンマ

自白戦略が支配戦略（☞ p. 185）です。しかし，プレイヤーA，Bがともに黙秘を選択できれば，両者はともに懲役1年で済むことがわかります。もし両者が黙秘戦略を選ぶことができたのであれば，両者にとって自白戦略よりも好ましいものになります。「囚人のジレンマ」ゲームの自白・黙秘といった戦略を一般化すると，「協調戦略」「裏切り戦略」ということになります。

(2) チキン・ゲーム（弱虫ゲーム）

「チキン・ゲーム」は交渉や対立が先鋭化するときに現れ，戦略は「前進」「回避」です。チキン・ゲームでは，ナッシュ均衡は互いに反対の戦略［つまり（Aが前進，Bが回避）あるいは（Aが回避，Bが前進）］をとり合ったときに達成されます。

(3) 男と女のバトル

「男と女のバトル」ゲームでは，戦略の内容よりも戦略の一致が関心事です。ナッシュ均衡は互いに同じ戦略をとり合ったときに達成されます。

【知っておきましょう】 協力ゲームと非協力ゲーム

プレイヤー間に結託や提携，強制力のある拘束が存在するゲームは「協力ゲーム」，結託や提携，強制力のある拘束が存在しないゲームは「非協力ゲーム」とそれぞれ呼ばれています。囚人のジレンマ・ゲームは非協力ゲームです。

第10章　ゲーム理論——プレイヤー間の関係と戦略

表70-1　利得表：囚人のジレンマ

		プレイヤーBの戦略	
		黙秘	自白
プレイヤーAの戦略	黙秘	(−1, −1)	(−10, 0)
	自白	(0, −10)	(−7, −7)

表70-2　利得表：チキン・ゲーム

		プレイヤーBの戦略	
		前進	回避
プレイヤーAの戦略	前進	(−10, −10)	(3, 1)
	回避	(1, 3)	(0, 0)

表70-3　利得表：男と女のバトル

		女の戦略	
		野球	コンサート
男の戦略	野球	(5, 3)	(0, 0)
	コンサート	(0, 0)	(3, 5)

【知っておきましょう】　協調戦略と裏切り戦略

　相手に合わせることで双方の利得を高めようとする戦略を「協調戦略」、相手を出し抜いて自分だけ高い利得を得ようとする戦略は「裏切り戦略」とそれぞれ呼ばれています。

【知っておきましょう】　チキン・ゲームにおける戦略的操作

　チキン・ゲームでは2つ（複数）のナッシュ均衡があり、いずれのナッシュ均衡が実現するかはプレイヤーには分かりません。つまり、実現する均衡が自分にとって有利な均衡であるかどうかが分かりません。チキン・ゲームでは、こちらが「回避」をとると相手が読めば相手は「前進」をとり、こちらが「前進」をとると相手が読めば相手は「回避」をとります。そのとき、チキン・ゲームで勝利を収めるには、コミットメントなどにより、相手に自分が「前進」をとるプレイヤーであることを信じ込ませる必要があります。

71 ミニマックス原理
——"不幸中の幸い"によるミニマックス均衡

　「ナッシュ均衡」を求めるときは，プレイヤーAはプレイヤーBが戦略 β_1 をとったとき，戦略 α_1, α_2 のいずれをとったほうがAの利得が大きいかを判断しました。プレイヤーBはプレイヤーAが戦略 α_1 をとったとき，戦略 β_1, β_2 のいずれをとったほうがBの利得が大きいかを判断しました。「ナッシュ均衡」ではプレイヤーは利得が最大になる戦略を選びますが，「ミニマックス均衡」ではプレイヤーは"不幸中の幸い"を選びます。以下では，利得表にもとづいて，まず"不幸中の幸い"の"不幸"を見つけ，次に"不幸中の幸い"を見つけます。

(1) "不幸中の幸い"の"不幸"を見つける：利得の下に直線を書く

　プレイヤーAは戦略 α_1 を選んだとき，プレイヤーBが戦略 β_1 をとってくれば利得は-1，β_2 をとってくれば利得は4になり，"不幸"は-1になるときですので-1の下に直線を引きます。プレイヤーAは戦略 α_2 を選んだとき，プレイヤーBが戦略 β_1 をとってくれば利得は2，β_2 をとってくれば利得は3になり，"不幸"は2になるときですので2の下に直線を引きます。同様にして，プレイヤーBは戦略 β_1 を選んだとき，プレイヤーAが戦略 α_1 をとってくれば利得は1，α_2 をとってくれば利得は-2になり，"不幸"は-2になるときですので-2の下に直線を引きます。プレイヤーBは戦略 β_2 を選んだとき，プレイヤーAが戦略 α_1 をとってくれば利得は-4，α_2 をとってくれば利得は-3になり，"不幸"は-4になるときですので-4の下に直線を引きます。

(2) "不幸中の幸い"を見つける：利得の下に波線を書く

　プレイヤーAにとっての"不幸"（ミニ）は-1と2であり，"不幸中の幸い"つまり不幸のなかでも"幸い"（マックス）は2ですので，2の下に波線を書きます。プレイヤーBにとっての"不幸"（ミニ）は-2と-4であり，"不

幸中の幸い"つまり不幸のなかでも"幸い"(マックス)は－2ですので，－2の下に波線を書きます。

かくて，ともに波線が書かれている戦略の組み合わせ (α_2, β_1) はプレイヤーA，Bのいずれもその戦略を変更する誘因がない戦略の組み合わせであり，「ミニマックス均衡」と呼ばれているものです。「ナッシュ均衡」では相手がとる戦略（プレイヤーAにとっては β_1, β_2，プレイヤーBにとっては α_1, α_2）に対して自らの利得が最大になる戦略（プレイヤーAにとっては α_1, α_2，プレイヤーBにとっては β_1, β_2）を選びましたが，「ミニマックス均衡」ではまず自分が戦略（プレイヤーAにとっては α_1, α_2，プレイヤーBにとっては β_1, β_2）を選び，相手のとる戦略（プレイヤーAにとっては β_1, β_2，プレイヤーBにとっては α_1, α_2）に依存して決まる利得の中で"不幸"（最小利得：ミニ）を選び，次に"不幸中の幸い"（最大利得：マックス）を選びます。最小利得（ミニ：不幸）をもたらす戦略の中から，最大利得（マックス：幸い）をもたらす戦略を選択するという，いわば"不幸中の幸い"選択仮説は「ミニマックス原理」と呼ばれています。

表71-1　利得表：ミニマックス均衡：プレイヤーA

		プレイヤーBの戦略	
		β_1	β_2
プレイヤーAの戦略	α_1	(-1, 1)	(4, -4)
	α_2	(2, -2)	(3, -3)

プレイヤーAにとって，—は最小，〜〜は最大

表71-2　利得表：ミニマックス均衡：プレイヤーB

		プレイヤーBの戦略	
		β_1	β_2
プレイヤーAの戦略	α_1	(-1, 1)	(4, -4)
	α_2	(2, -2)	(3, -3)

プレイヤーBにとって，—は最小，〜〜は最大

---【知っておきましょう】　2人ゼロ和ゲーム---

2人のプレイヤーA，Bの利得が $(a, -a)$ あるいは $(-a, a)$，つまりA，Bの利得の和がゼロであるゲームは「2人ゼロ和ゲーム」と呼ばれています。ゼロ和ゲームである限り，「ナッシュ均衡」と「ミニマックス均衡」は一致します。

第5部　ミクロ経済学の応用

72　ミニマックス均衡——混合戦略

　本節の利得表では，純粋戦略を用いただけではミニマックス均衡を求めることはできません。というのは，プレイヤーAにとっては，プレイヤーBが戦略 β_2 をとるときの戦略 α_1 が最小利得（ミニ：不幸）をもたらす戦略の中から，最大利得（マックス：幸い）をもたらす戦略（ミニマックス）であり，プレイヤーBにとっては，プレイヤーAが戦略 α_2 をとるときの戦略 β_2 が最小利得（ミニ：不幸）をもたらす戦略の中から，最大利得（マックス：幸い）をもたらす戦略（ミニマックス）であり，したがって互いに戦略を変更することが無限に繰り返されるからです。以下では，"不幸中の幸い"によるミニマックス均衡の「混合戦略」版を説明します。

　プレイヤーAが戦略 α_1 をとる確率を p，α_2 をとる確率を $(1-p)$，プレイヤーBが戦略 β_1 をとる確率を q，β_2 をとる確率を $(1-q)$ とします。

(1) プレイヤーAの混合戦略

　プレイヤーAは戦略 α_1 を選んだとき，プレイヤーBが戦略 β_1 をとってくれば利得は80，β_2 をとってくれば利得は−20になり，プレイヤーAは戦略 α_2 を選んだとき，プレイヤーBが戦略 β_1 をとってくれば利得は−60，β_2 をとってくれば利得は40になります。ですから，

$$A \begin{matrix} \xrightarrow{p} q \times 80 + (1-q) \times (-20) \\ \xrightarrow{(1-p)} q \times (-60) + (1-q) \times (40) \end{matrix}$$

であり，Aの期待利得（E_A）は，以下の通りです。

$$E_A = p \times \{q \times 80 + (1-q) \times (-20)\} + (1-p) \times \{q \times (-60) + (1-q) \times (40)\}$$

　ミニマックス原理では，プレイヤーAにとっては，プレイヤーBが q の確率で戦略 β_1，$(1-q)$ の確率で戦略 β_2 をとるときの"不幸"（最小利得）を求めます。このときは，プレイヤーAの期待利得をプレイヤーBが選ぶ確率 q で整理します。

$$E_A = q(200p - 100) - 60p + 40$$

であり，プレイヤーAの最小期待利得（ミニ：不幸）は，プレイヤーAがpを選んだとき，プレイヤーBの選ぶqに依存しています。$200p - 100 < 0$（つまり$p < 0.5$）のとき，「$q = 1$」を想定することが次の最小期待利得（ミニ：不幸）を予想することになります。

$$E_A = q(200p - 100) - 60p + 40$$
$$= 140p - 60$$

また，$200p - 100 > 0$（つまり$p > 0.5$）のとき，「$q = 0$」を想定することが次の最小期待利得（ミニ：不幸）を予想することになります。

$$E_A = q(200p - 100) - 60p + 40$$
$$= -60p + 40$$

縦軸にE_A，横軸にpをとって，2本の"不幸"線（最小期待利得線）を描くと，$p < 0.5$のときは「$E_A = 140p - 60$」，$p > 0.5$のときは「$E_A = -60p + 40$」がそれぞれ有効です。2本の"不幸"線から容易に「不幸中の幸い（ミニの中のマックス）」を見つけることができます。つまり，プレイヤーAは「不幸中の幸い」戦略から「$p = 0.5$」を決定します。

(2) プレイヤーBの混合戦略

プレイヤーBは戦略β_1を選んだとき，プレイヤーAが戦略α_1をとってくれば利得は-80，α_2をとってくれば利得は60になり，プレイヤーBは戦略β_2を選んだとき，プレイヤーAが戦略α_1をとってくれば利得は20，α_2をとってくれば利得は-40になります。ですから，

$$B \begin{cases} q & p \times (-80) + (1-p) \times 60 \\ (1-q) & p \times 20 + (1-p) \times (-40) \end{cases}$$

であり，Bの期待利得（E_B）は，以下の通りです。

$$E_B = q \times \{p \times (-80) + (1-p) \times 60\} + (1-q) \times \{p \times 20 + (1-p) \times (-40)\}$$

ミニマックス原理では，プレイヤーBにとっては，プレイヤーAがpの確率で戦略α_1，$(1-p)$の確率で戦略α_2をとるときの"不幸"（最小利得）を求めま

す。このときは，プレイヤーBの期待利得をプレイヤーAが選ぶ確率pで整理します。

$$E_B = p(-200q+60) + 100q - 40$$

であり，プレイヤーBの最小期待利得（ミニ：不幸）は，プレイヤーBがqを選んだとき，プレイヤーAの選ぶpに依存しています。$-200q+60<0$（つまり$q>0.3$）のとき，「$p=1$」を想定することが次の最小期待利得（ミニ：不幸）を予想することになります。

$$\begin{aligned}E_B &= p(-200q+60) + 100q - 40 \\ &= -100q + 20\end{aligned}$$

また，$-200q+60>0$（つまり$q<0.3$）のとき，「$p=0$」を想定することが次の最小期待利得（ミニ：不幸）を予想することになります。

$$\begin{aligned}E_B &= p(-200q+60) + 100q - 40 \\ &= 100q - 40\end{aligned}$$

縦軸にE_B，E_A，横軸にqをとって，2本の"不幸"線を描くと，$q>0.3$のときは「$E_B=-100q+20$」，$q<0.3$のときは「$E_B=100q-40$」がそれぞれ有効です。2本の"不幸"線（最小期待利得線）から容易に「不幸中の幸い（ミニの中のマックス）」を見つけることができます。つまり，プレイヤーBは「不幸中の幸い」戦略から「$q=0.3$」を決定します。

(3) 混合戦略ミニマックス均衡：ミニマックス均衡の「混合戦略」版

以上より，プレイヤーAは「$p=0.5$」，プレイヤーBは「$q=0.3$」をそれぞれの混合戦略として選びました。このとき，混合戦略の組み合わせ（$p=0.5$，$q=0.3$）はプレイヤーA，Bのいずれも，相手が戦略を変えない限り，その戦略を変更する誘因がない戦略の組み合わせであり，「混合戦略ミニマックス均衡」と呼ばれているものです。

第10章　ゲーム理論——プレイヤー間の関係と戦略

図 72 - 1　プレイヤーAの最小期待利得線（"不幸"線）

（縦軸：プレイヤーAの最小利得 E_A、横軸：p）

$E_A = -60p + 40$

$E_A = 140p - 60$

G　最小利得の最大化

$p^* = 0.5$

40, 10, 0, -60

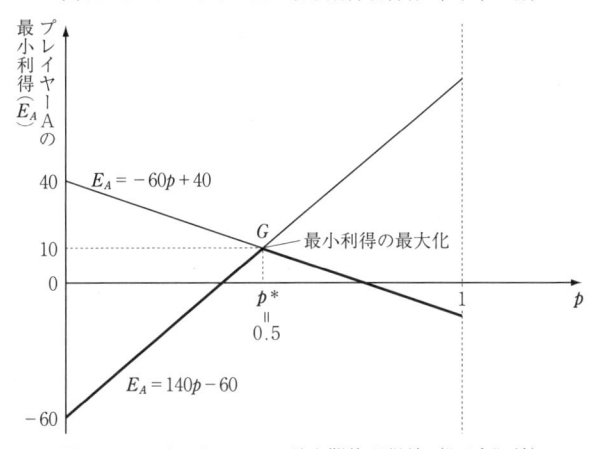

図 72 - 2　プレイヤーBの最小期待利得線（"不幸"線）

（縦軸：プレイヤーBの最小利得 E_B、横軸：q）

$E_B = 100q - 40$

$E_B = -100q + 20$

H　最小利得の最大化

$q^* = 0.3$

20, 0, -10, -40

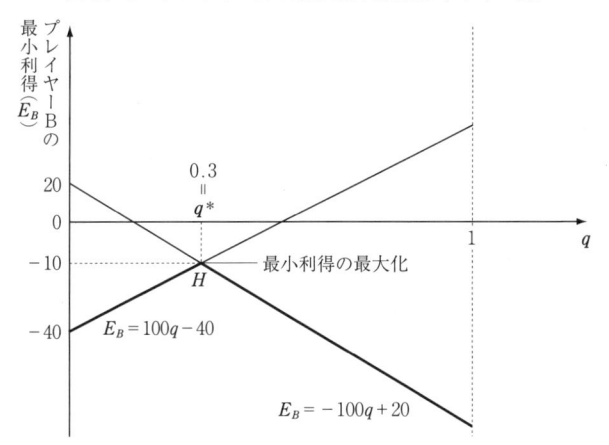

表 72 - 1　利得表：混合戦略ミニマックス均衡：プレイヤーA

		プレイヤーBの戦略	
		β_1	β_2
プレイヤーAの戦略	α_1	(80, -80)	(<u>-20</u>, 20)
	α_2	(<u>-60</u>, 60)	(40, -40)

プレイヤーAにとって，── は最小，～～ は最大

表 72 - 2　利得表：混合戦略ミニマックス均衡：プレイヤーB

		プレイヤーBの戦略	
		β_1	β_2
プレイヤーAの戦略	α_1	(80, <u>-80</u>)	(-20, 20)
	α_2	(-60, 60)	(40, <u>-40</u>)

プレイヤーBにとって，── は最小，～～ は最大

第5部　ミクロ経済学の応用

73　繰り返しゲーム——有限回の繰り返しゲーム vs. 無限回の繰り返しゲーム

　以下の利得表をもとにした「囚人のジレンマ」ゲームを取り上げ，「1回ゲーム」「有限繰り返しゲーム」「無限繰り返しゲーム」のちがいを説明します。「囚人のジレンマ」ゲームの自白（プレイヤーA, Bそれぞれにとって α_1, β_1）・黙秘（プレイヤーA, Bそれぞれにとって α_2, β_2）といった戦略を一般化すると，「協調戦略」「裏切り戦略」ということになります。
　ここでは，繰り返しゲームのルールとして，次の3つのものを採用します。
① 　1回目のゲームでは，「協調戦略」（プレイヤーA, Bそれぞれにとって α_2, β_2）を選ぶ。
② 　2回目のゲーム以降には，相手のプレイヤーが「裏切り戦略」（プレイヤーA, Bそれぞれにとって α_1, β_1）を選ばない限り，「協調戦略」（プレイヤーA, Bそれぞれにとって α_2, β_2）を選ぶ。
③ 　2回目以降の任意のゲームにおいて相手のプレイヤーが「裏切り戦略」（プレイヤーA, Bそれぞれにとって α_1, β_1）を選んだ場合には，その次の回のゲームから，「裏切り戦略」（プレイヤーA, Bそれぞれにとって α_1, β_1）を選び続ける。

　1回目を第1期首時点，2回目を第1期末時点，3回目を第2期末時点，n 回目を第 $n-1$ 期末時点，プレイヤーA, Bにとって共通の，あらゆる期間にとって同一の割引率を r としましょう。
　そうすれば，2回目のゲームにおける利得の現在割引価値は
「$\dfrac{2回目のゲームの利得}{(1+r)}$」，$n$ 回目のゲームにおける利得の現在割引価値は
「$\dfrac{n回目のゲームの利得}{(1+r)^{n-1}}$」です。

(1)　1回ゲーム
　自白戦略（裏切り戦略：プレイヤーA, Bそれぞれにとって α_1, β_1）が支配

戦略であり，(α_1, β_1) がナッシュ均衡です。

(2) 有限回の繰り返しゲーム：n 回の繰り返しゲーム（$n \geqq 2$）

　同一のゲームが有限回繰り返し行われるゲームは「有限回の繰り返しゲーム」と呼ばれ，

① 第1回から第 n 回目までのすべてのゲームにおいて「協調戦略」（プレイヤーA，Bそれぞれにとって α_2, β_2）を選ぶと，プレイヤーA，Bの利得の現在割引価値合計は，

$$V_{n_1} = 7 + \frac{7}{(1+r)} + \cdots + \frac{7}{(1+r)^{n-2}} + \frac{7}{(1+r)^{n-1}}$$

です。

② 第1回から第 $n-1$ 回目までのゲームでは「協調戦略」（プレイヤーA，Bそれぞれにとって α_2, β_2）を選ぶが，第 n 回目のゲームでは「裏切り戦略」（プレイヤーA，Bそれぞれにとって α_1, β_1）を選ぶと，プレイヤーA，Bの利得の現在割引価値合計は，

$$V_{n_2} = 7 + \frac{7}{(1+r)} + \cdots + \frac{7}{(1+r)^{n-2}} + \frac{10}{(1+r)^{n-1}}$$

です。

　したがって，$V_{n_2} - V_{n_1} = \frac{3}{(1+r)^{n-1}} > 0$ であるので，有限回の繰り返しゲームでは，プレイヤーA，Bがともに「協調戦略」を選ぶという組み合わせはナッシュ均衡とはなりえません。というのは，相手のプレイヤーが「協調戦略」を選ぶことを所与とすれば，第 n 回目のゲームで「裏切り戦略」をとることが有利であるからです。

(3) 無限回の繰り返しゲーム（スーパーゲーム）

　同一のゲームが無限回繰り返し行われるゲームは「無限回の繰り返しゲーム（スーパーゲーム）」と呼ばれ，プレイヤーA，Bがともに「協調戦略」を選ぶという組み合わせがナッシュ均衡です。

① すべてのゲームにおいて「協調戦略」（プレイヤーA，Bそれぞれにとって α_2, β_2）を選ぶと，プレイヤーA，Bの利得の現在割引価値合計は，

$$V_1 = 7 + \frac{7}{(1+r)} + \cdots + \frac{7}{(1+r)^{n-2}} + \frac{7}{(1+r)^{n-1}} + \cdots$$

です。

② 第1回から第 $n-1$ 回目までのゲームでは「協調戦略」（プレイヤーA，Bそれぞれにとって α_2, β_2）を選ぶが，第 n 回目のゲームでは「裏切り戦略」（プレイヤーA，Bそれぞれにとって α_1, β_1）を選ぶと，プレイヤーA，Bの利得の現在割引価値合計は，

$$V_2 = 7 + \frac{7}{(1+r)} + \cdots + \frac{7}{(1+r)^{n-2}} + \frac{10}{(1+r)^{n-1}}$$
$$+ \frac{2}{(1+r)^n} + \frac{2}{(1+r)^{n+1}} + \cdots$$

です。

$V_1 - V_2 = \frac{1}{(1+r)^{n-1}}\left(-3 + \frac{5}{r}\right)$ であるので，$0 < r < \left(\frac{5}{3}\right)$ であるならば，$V_1 > V_2$ です。したがって，割引率が $\frac{5}{3}$ より小である限り，プレイヤーA，Bがともに「協調戦略」を選ぶという組み合わせがナッシュ均衡になります。無限回の繰り返しゲームの場合には，割引率の値に依存しますが，1回ゲームや有限回の繰り返しゲームにおいては均衡になり得なかった2人のプレイヤーがともに「協調戦略」を選ぶという組み合わせがナッシュ均衡になりえます。というのは，割引率の値が小さいことは「裏切り戦略」を選ぶことにともなう将来の利得の減少（7→2）をより重大視するからです。

第10章　ゲーム理論——プレイヤー間の関係と戦略

---【知っておきましょう】　トリガー戦略---

　プレイヤーがあらかじめ決められた戦略から逸脱し，そのことが他のプレイヤーによるあらかじめ決められた他の戦略への変更を生むきっかけとなる戦略は「トリガー戦略」と呼ばれています。すなわち，トリガー戦略は，相手が「協調」を選ぶ限り自らも「協調」を選ぶが，一度でも相手が「裏切り」を選べば，自らも「裏切り」を選び続ける戦略のことです。繰り返しゲームでの利得は時間にわたって得られるので，将来の予想利得は割り引かれます。割引率が十分に小さければ，今相手を裏切って非協力の態度をとることによって得られる一時的な利得を，相手の報復によって将来被る損失が上回るので，トリガー戦略がナッシュ均衡となり，その結果，ともに協力という状態が持続します。

表73-1　利得表：囚人のジレンマ

		プレイヤーBの戦略	
		β_1	β_2
プレイヤーAの戦略	α_1	(2, 2)	(10, 0)
	α_2	(0, 10)	(7, 7)

74 ゲームの木とバックワード・インダクション——完備・完全情報ゲーム

　「いつ」「誰が」「何をどうする」を問題にする逐次手番ゲームは「ゲームの木」で表すのが便利です。ゲームの木は，出発点に根（ゲームの第1番目の手番）を置いて，そこから枝（「戦略」）を伸ばして節（ゲームの第2番目の手番）を作り，次の手番があると，さらに枝（「戦略」）を伸ばして節（ゲームの第3番目の手番）を作り，ゲームの終了時には，枝（「戦略」）を伸ばしていって頂点の葉（「利得」）を作るように描いています。根や節のところには，その手番で意思決定を行うプレイヤーの名前を書きます。

　ゲームにおいて，どんなプレイヤーがいるのかや，各プレイヤーの戦略や利得構造をわかっていることは「完備情報」，各プレイヤーが，自分の手番の前に他のプレイヤーがとった戦略を全部知っていることは「完全情報」とそれぞれ呼ばれています。「バックワード・インダクション」は完備・完全情報ゲームの解を求めるのに用いられます。すなわち，バックワード・インダクションは「逆向き推論法」「後ろ向き帰納法」とも呼ばれ，利得をすべて比較することができるので，最後の結果を見て，それをもたらす一番良い戦略を選択していけば，最善の経路（意思決定）を確定することができます。つまり，バックワード・インダクションはゲームの木の後ろから解いていきます。

(1) 既存企業：ゲームの第2番目の手番
　既存企業はQ社の新規参入に「対抗する」を選べば利得は1,「容認する」を選べば利得は－3であるので，「対抗する」を選択します。

(2) Q社：ゲームの第1番目の手番
　Q社は「参入する」を選べば，既存企業は「対抗する」を選ぶことがわかっているので，そのときの利得は－1です。「参入しない」を選べば利得は0であり，－1＜0であるので，「参入しない」を選択します。

　結局，この参入ゲームは第1番目の手番で終わってしまいます。

第10章 ゲーム理論——プレイヤー間の関係と戦略

図74-1 ゲームの木

葉(利得)
節(第2番目の手番)
枝(戦略)
根(第1番目の手番)

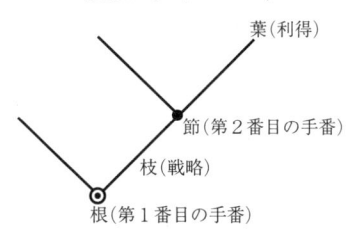

―【知っておきましょう】 ゲームの木と「自然」――――

事故に遇うか否かは不確実性の世界です。「あなた」と「自然（不確実性）」とのゲームを考えます。ゲームの第1番目の手番でのプレイヤーは「自然」であり、戦略は「事故に遇う」「事故に遇わない」です。第2番目の手番にいるあなたは、事故に遇ったのか、遇わなかったのか、つまり自分のゲームの位置がわかりません。そのことをゲームの木では、あなたの手番2つを大きな楕円で囲むことで表しています。

図74-2 ゲームの木と「自然」

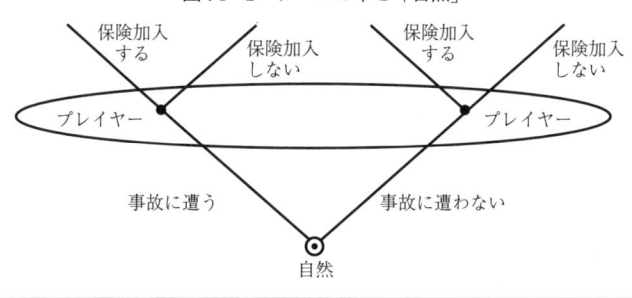

保険加入する
保険加入しない
保険加入する
保険加入しない
プレイヤー
プレイヤー
事故に遭う
事故に遭わない
自然

図74-3 参入ゲーム：バックワード・インダクション

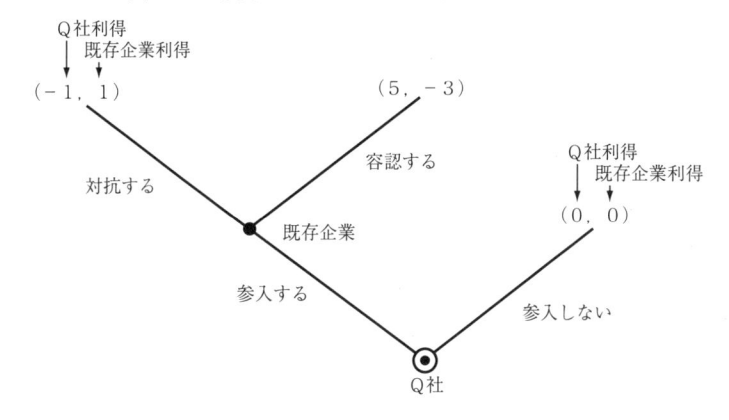

Q社利得
既存企業利得
(-1, 1)
(5, -3)
対抗する
容認する
Q社利得
既存企業利得
(0, 0)
既存企業
参入する
参入しない
Q社

203

第5部 ミクロ経済学の応用
第11章 情報の経済学——情報の非対称性

　経済主体によって保有する情報が異なる状況は「情報の非対称性」と呼ばれ，情報に通じている経済主体と，情報に通じていない経済主体がいます。「情報の経済学」は情報の非対称性から生まれたものであり，情報の非対称性には，「事前の情報の非対称性」と「事後の情報の非対称性」の2種類があります。事前の情報の非対称性とは，契約前に隠された情報（hidden information）があることであり，情報を「知っている人」「知らない人」がいます。事後の情報の非対称性とは，契約後に隠された行動（hidden action）があることであり，行動を「知っている人」「知らない人」がいます。

　情報を「知っている人」「知らない人」の間では，「知らない人」が「良いということを知っている人」ではなく「悪いということを知っている人」を選ぶという，逆の選択を行う「逆選択」が起こります。また，行動を「知っている人」「知らない人」の間では，「悪い行動を行っているということを知っている人」が「知らない人」に対して背信行為を行うという「モラルハザード」が生じます。

【知っておきましょう】 委任者（principal）・代理人（agent）と委任者の厚生

「委任者・代理人関係」とは，委任者が委任者の厚生に影響を及ぼす経済行為を代理人に委託する関係のことです。委任者の厚生は「契約の後には実際には不完全にしか観察できない代理人の行為」と「不確実性」の結合生産物であり，問題は厚生の分配（リスクの分担）ルールをどのようにして決定するかです。

```
委任者（委任者の厚生）＝雇用者（産出高）， 地主（収穫高）， 貸手（収益）
代理人　　　　　　　　＝被雇用者　　　　 ，小作人　　　　 ，借手
```

第5部 ミクロ経済学の応用

75 情報の事前的非対称性と逆選択

　経済はリスクの異なる2人の被保険者（高リスク取引者，低リスク取引者）と保険会社からなっています。2人の被保険者の VNM 効用関数（☞ p. 168）は同一ですが，事故確率は異なっています。2人の被保険者と保険会社との間には事前の情報の非対称性が存在します。すなわち，2人の被保険者は自己の事故確率を事前（保険契約を結ぶ前）に知っていますが，保険会社はそれらを知りません。保険会社は高リスク取引者と低リスク取引者を区別できないことから単一の保険料を課します。

　　　　　π_H, π_L＝高リスク取引者，低リスク取引者の事故確率
　　　　　W＝期首時点の，事故が生じる前の資産価値
　　　　　d＝事故に遭遇したときの資産の損失額
　　　　　z_H, z_L＝高リスク取引者，低リスク取引者が加入する保険口数
　　　　　q＝粗保険金1口当たりの保険料率

としましょう。保険に入ると，被保険者は qz_i の保険料を支払い，$(z_i - qz_i)$ の純保険金を受け取ることができます（$i=H, L$）。

　　　$x_1^i = W - qz_i$
　　　　　＝事故に遭遇しなかったときの期末時点に利用可能な資産価値
　　　$x_2^i = W - d + z_i - qz_i$
　　　　　＝事故に遭遇したときの期末時点に利用可能な資産価値

としましょう。不確実性下の選択問題を理解する第一歩は，選択対象について「何が」「どれだけの確率」で起こるのかを図式化することであり，被保険者の直面している問題を図式化しましょう。保険に加入しないときは，

　　　　　期首時点の W ＜（確率：$1-\pi$）→期末時点の W
　　　　　　　　　　　　　（確率：π）→期末時点の $W-d$

であり，保険に加入するときは，

　　　　　期首時点の W ＜（確率：$1-\pi_i$）→期末時点の $W-qz_i$
　　　　　　　　　　　　　（確率：π_i）→期末時点の $W-d+z_i-qz_i$

です。

被保険者の期待効用最大化問題は，

$$\text{Max } E[u^i(x^i)] = (1-\pi_i)u(x_1^i) + \pi_i u(x_2^i), \quad i=H, L$$

（期待効用最大化）

s.t. $x_1^i = W - qz_i$ （事故が生じなかったときの資産価値）

$x_2^i = W - d + z_i - qz_i$ （事故が生じたときの資産価値）

であり，上記の両制約式の z_i を消去すると，次の保険線を得ることができます。

$$x_2^i - (W-d) = -\{\frac{(1-q)}{q}\}(x_1^i - W)$$

（保険線：被保険者の予算制約式）

被保険者の期待効用最大化の1階の条件は，

$$\frac{\{(1-\pi_i)u^{i\prime}(x_1^i)\}}{\{\pi_i u^{i\prime}(x_2^i)\}} = \frac{(1-q)}{q}$$

$$x_2^i - (W-d) = -\{\frac{(1-q)}{q}\}(x_1^i - W)$$

です。2本の方程式より x_1^{i*}, x_2^{i*}，したがって z_i^* （最適保険口数）を得ることができます。$\{\frac{(1-\pi_L)}{\pi_L}\} > \{\frac{(1-\pi_H)}{\pi_H}\}$ であるので，$z_H > z_L$ です。すなわち，高リスクの被保険者は低リスクの被保険者よりもより多くの保険口数に入ります。

以下では，3つの単一の保険料「$0 < \pi_L = q_1 < q_2 < q_3 = \pi_H < 1$」を考えます。

① $q_1 = \pi_L$（直線ＯＡＢ）

保険会社が「$q_1 = \pi_L$（直線ＯＡＢ）」を提示すると，低リスクの被保険者は z_{L1}（Ａ点），高リスクの被保険者は z_{H1}（Ｂ点）を選択します。低リスクの被保険者は「$q_1 = \pi_L$」が設定されていますので，等資産価値線上にあり，完全保険されています。保険会社にとっては，

低リスクの被保険者についての利潤 $= (q_1 - \pi_L)z_{L1} = 0$

高リスクの被保険者についての利潤 $= (q_1 - \pi_H)z_{H1} < 0$

です。

② $q_2(\pi_L < q_2 < \pi_H$：直線ＯＡ′Ｂ′)

保険会社は「$q_1 = \pi_L < \pi_H$」なる保険料を設定すると，利潤が負になるので，

q を引き上げます。保険会社が $q_2(\pi_L<q_2<\pi_H：直線ＯＡ′Ｂ′)$ なる保険料を提示すると，低リスクの被保険者は z_{L2}（Ａ′点），高リスクの被保険者は z_{H2}（Ｂ′点）を選択します。保険会社にとっては，

　　　低リスクの被保険者についての利潤＝$(q_2-\pi_L)z_{L2}>0$

　　　高リスクの被保険者についての利潤＝$(q_2-\pi_H)z_{H2}<0$

であり，総利潤の正負は不明です。

③　$q_3(\pi_L<q_3=\pi_H：直線ＯＢ″)$

　保険会社は「$\pi_L<q_2<\pi_H$」のときの総利潤が負であれば，保険料をさらに引き上げます。保険会社が $q_3(\pi_L<q_3=\pi_H：直線ＯＢ″)$ なる保険料を提示すると，低リスクの被保険者は $z_{L3}=0$（０点），高リスクの被保険者は z_{H3}（Ｂ″点）を選択します。低リスク取引者は保険取引を行いません。高リスクの被保険者は「$q_3=\pi_H$」が設定されていますので，等資産価値線上にあり，完全保険されています。保険会社にとっては，

　　　高リスクの被保険者についての利潤＝$(q_3-\pi_H)z_{H3}=0$

です。

　かくて，保険会社が総利潤がゼロになるまで保険料を「$q_1<q_2<q_3$」と引き上げていくと，低リスクの取引者は保険に加入せず，高リスクの取引者（レモン）のみが保険契約を締結します。これは「逆選択」と呼ばれています。

　縦軸に事故に遭遇したときの資産価値，横軸に事故に遭遇しなかったときの資産価値をとります。

──【知っておきましょう】 保険料の引き上げ ──────────────
　保険料の引き上げは保険線の傾きの絶対値を小さくします。保険料の引き上げは保険の加入口数を減少させます。主体均衡点がO点より北西方向へ離れれば離れるほど保険の口数が多いことを意味しています。

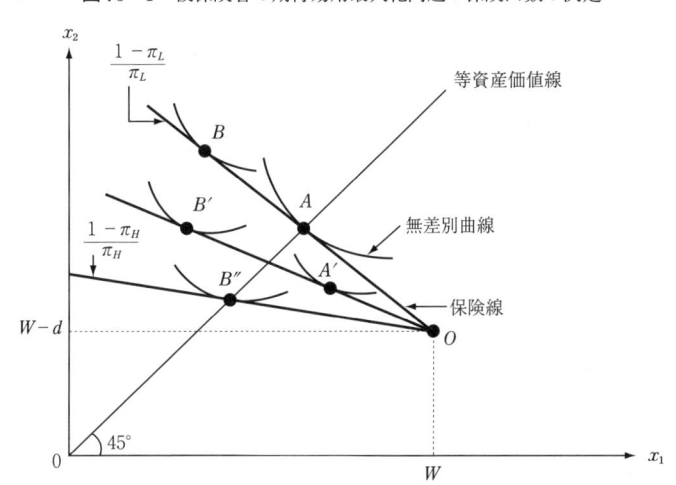

図 75 - 1　被保険者の期待効用最大化問題：保険口数の決定

──【知っておきましょう】　逆選択の発生を防止する方策：自己選択メカニズム ──
　保険会社（情報劣位者）は複数の契約条件（保険料 q，保険口数 z など）を提示し，被保険者（情報優位者）がその中から選択するのを見て，高リスク・低リスクの被保険者を識別します。保険会社は「$q_1=\pi_L$」という低い保険料率である代わりに損失の一部しかカバーできない保険と，「$q_3=\pi_H$」という高い保険料率である代わりに損失の全額をカバーできる保険の2種類の保険契約を提示することにより，被保険者の属性を顕示させることができます。ハイリスク・タイプとローリスク・タイプが分離された形の均衡は「分離均衡」と呼ばれています。

76 情報の事後的非対称性とモラル・ハザード

モラル・ハザード（moral hazard：倫理の欠如）の具体例として，次の2つを挙げておきます。

(1) 自動車事故賠償保険

被保険者（ドライバー）は保険に加入することにより安全運転の努力を怠り，その結果，保険に加入しないときよりも自動車事故の発生確率がかえって高くなり，保険会社に対して保険金支払いの増大という損害を与えます。このようなとき，保険会社は「モラル・ハザード」を恐れて保険を提供しません。

(2) 企業の銀行からの借入

有限責任ルールの下では，企業は投資プロジェクトが失敗したとしても，投資金額以上の責任をとらなくてもよい。投資資金を銀行借入によって資金調達する場合には，それを内部資金によって資金調達する場合に比べて，投資プロジェクトが成功する確率を高めるための努力を行う誘因が低下し，銀行に対して債務不履行のリスクを高めるという損害を与えます。このようなとき，企業が投資プロジェクトが成功する確率を高めるための努力をしないと，銀行・企業の利潤は社会的最適値以下になります。

【知っておきましょう】 モラル・ハザード防止対策
① モラル・ハザードを起こさないような誘因をもつ契約の設計
② 罰則（貸出担保）の設定

付録

ミクロ経済学のための数学・統計学

77 微分——1変数の「限界」

消費者の選択行動	生産者の選択行動
1財（肉：x）	1生産要素（労働：L）
効用関数：$U=U(x)$	生産関数：$y=f(L)$
限界効用：$MU=\dfrac{dU}{dx}$	限界生産力：$MP=\dfrac{dy}{dL}$
限界効用逓減の法則： $\dfrac{d^2U}{dx^2}=\dfrac{d}{dx}\left(\dfrac{dU}{dx}\right)<0$	限界生産力逓減の法則： $\dfrac{d^2y}{dL^2}=\dfrac{d}{dL}\left(\dfrac{dy}{dL}\right)<0$

$x=$肉の消費量，$U=$効用とすれば，1財の効用関数は，

$$U=U(x)$$

であり，財（肉）の限界効用（MU：Marginal Utility）は，

$$MU_x=\frac{dU}{dx}=U'(x)$$

です。$\dfrac{dU}{dx}$ は1階の微分と呼ばれています。$\dfrac{dU}{dx}$ は「U を x について微分する」を意味し，その経済学的意味は「肉を微少量追加的に食べれば，効用はいくら増加するか」です。

1変数の関数についての微分法

原始関数 $y=f(x)$ の導関数を，ここでは $\dfrac{dy}{dx}$ ではなく，$f'(x)$ で表示することにします。

付録　ミクロ経済学のための数学・統計学

	原始関数	導関数
①	$y=f(x)=k$	$f'(x)=0$
	$y=f(x)=5$	$f'(x)=0$

② $y=x^n$　　　　　　$f'(x)=nx^{n-1}$

　　$y=x$　　　　　　　$f'(x)=1x^{1-1}=x^0=1$

　　$y=x^3$　　　　　　$f'(x)=3x^{3-1}=3x^2$

　　$y=x^0$　　　　　　$f'(x)=0x^{0-1}=0$

　　$y=\dfrac{1}{x^3}=x^{-3}$　　$f'(x)=-3x^{-3-1}=-3x^{-4}=-\dfrac{3}{x^4}$

　　$y=\sqrt{x}=x^{\frac{1}{2}}$　　$f'(x)=\left(\dfrac{1}{2}\right)x^{\left(\frac{1}{2}\right)-1}=\left(\dfrac{1}{2}\right)x^{-\left(\frac{1}{2}\right)}=\left(\dfrac{1}{2}\right)\left(\dfrac{1}{\sqrt{x}}\right)$

③ $y=cx^n$　　　　　　$f'(x)=cnx^{n-1}$

　　$y=4x^3$　　　　　　$f'(x)=4\cdot 3x^{3-1}=12x^2$

【知っておきましょう】 原始関数 $y=f(x)$ の導関数の表示方法

$\dfrac{dy}{dx}=\dfrac{d}{dx}y=\dfrac{d}{dx}f(x)=f'(x)=y'$

78 偏微分と全微分——2変数の「限界」と「限界代替率」

(1) 偏微分：2変数の「限界」

消費者の選択行動	生産者の選択行動
2財（肉，野菜：x, y）	2生産要素（労働，資本：L, K）
効用関数：$U=U(x, y)$	生産関数：$y=f(L, K)$
限界効用： $MU_x=\dfrac{\partial U}{\partial x}$　　$MU_y=\dfrac{\partial U}{\partial y}$	限界生産力： $MP_L=\dfrac{\partial y}{\partial L}$　　$MP_K=\dfrac{\partial y}{\partial K}$
限界効用逓減の法則： $\dfrac{\partial^2 U}{\partial x^2}<0$　　$\dfrac{\partial^2 U}{\partial y^2}<0$	限界生産力逓減の法則： $\dfrac{\partial^2 y}{\partial L^2}<0$　　$\dfrac{\partial^2 y}{\partial K^2}<0$

$x=$肉の消費量，$y=$野菜の消費量，$U=$効用とします。2財の効用関数は，

$$U=U(x, y)$$

であり，各財の限界効用（MU：Marginal Utility）は，

$$MU_x=\frac{\partial U}{\partial x}$$

$$MU_y=\frac{\partial U}{\partial y}$$

です。$\dfrac{\partial U}{\partial x}$，$\dfrac{\partial U}{\partial y}$ は1階の偏微分と呼ばれています。$\dfrac{\partial U}{\partial x}$ は「Uをxについて偏微分する」，$\dfrac{\partial U}{\partial y}$ は「Uをyについて偏微分する」をそれぞれ意味し，その経済学的意味はそれぞれ「野菜の消費量は不変のままで，肉を微少量追加的に食べれば，効用はいくら増加するか」「肉の消費量は不変のままで，野菜を微少量追加的に食べれば，効用はいくら増加するか」です。

【問題】

$y=f(x_1, x_2)=3x_1^2+x_1x_2+4x_2^2$ の「x_1に関するyの偏導関数」と「x_2に関するyの偏導関数」を求めなさい。

【解答＆解答の解説】

① $\dfrac{\partial y}{\partial x_1}=3\times 2\times x_1^{2-1}+x_2=6x_1+x_2$　（答え）

ここでは，x_2 は定数と考えています。ですから，y を x_1 で偏微分すると，$\partial(x_1x_2)/\partial x_1=x_2$，$\partial(4x_2^2)/\partial x_1=0$ です。

② $\dfrac{\partial y}{\partial x_2}=x_1+4\times 2x_2^{2-1}=x_1+8x_2$　（答え）

ここでは，x_1 は定数と考えています。ですから，y を x_2 で偏微分すると，$\partial(3x_1^2)/\partial x_2=0$，$\partial(x_1x_2)/\partial x_2=x_1$ です。

(2) 全微分：「限界代替率」と「技術的限界代替率」

消費者の選択行動	生産者の選択行動
無差別曲線（等効用曲線）	等産出量曲線
限界代替率： $MRS_{xy}=\dfrac{MU_x}{MU_y}$	技術的限界代替率： $MRST_{LK}=\dfrac{MP_L}{MP_K}$
限界代替率逓減の法則	技術的限界代替率逓減の法則

2財（肉と野菜：X, Y）の消費量を微小量増加させたとき，効用は次のように変化します。

$$\varDelta U=MU_x\times\varDelta x+MU_y\times\varDelta y$$

つまり，

（効用の変化）＝（X 財の限界効用）×（X 財の消費量の変化）
　　　　　　＋（Y 財の限界効用）×（Y 財の消費量の変化）

$x=$ 肉の消費量，$y=$ 野菜の消費量，$U=$ 効用とします。無差別曲線（等効用曲線）を動いたときには，効用は一定水準のまま不変であり，$\varDelta U=$（効用の変化）$=0$ です。X 財の限界効用（MU_x），Y 財の限界効用（MU_y）は「非飽和性」よりプラスであるので，効用を一定水準に維持するとき，一方の財の減少は他方の財の増加で埋め合わせることができます。

2財 X, Y の限界代替率（MRS_{xy}）は，

$$MRS_{xy}=\lim_{\varDelta x\to 0}\left(-\dfrac{\varDelta y}{\varDelta x}\right)=\dfrac{MU_x}{MU_y}$$

です。「代替」は「代わりになる」という意味であり，肉と野菜の「限界代替率」は肉が野菜の，野菜が肉のそれぞれどの程度の代わりになるかを示す指標です。2財（肉と野菜）の限界代替率は「野菜の消費量を減らしたときに，現行の効用水準を維持しようと思えば，肉の消費量をいくら増やさなければならないか」，逆に「肉の消費量を減らしたときに，現行の効用水準を維持しようと思えば，野菜の消費量をいくら増やさなければならないか」を示しています。

【問題】
$y=f(x_1, x_2)=5x_1^2+3x_2$ の全微分を求めなさい。

【解答＆解答の解説】

① $\dfrac{\partial y}{\partial x_1}=5\times 2\times x_1^{2-1}=10x_1$

　ここでは，x_2 は定数で，$\dfrac{\partial (3x_2)}{\partial x_1}=0$ です。

② $\dfrac{\partial y}{\partial x_2}=3$

　ここでは，x_1 は定数で，$\dfrac{\partial (5x_1^2)}{\partial x_2}=0$ です。

ですから，
$dy=\left(\dfrac{\partial y}{\partial x_1}\right)dx_1+\left(\dfrac{\partial y}{\partial x_2}\right)dx_2=10x_1 dx_1+3dx_2$ 　（答え）

付録　ミクロ経済学のための数学・統計学

---【知っておきましょう】　全微分の4つの法則---

2つの関数 $U=U(x_1, x_2)$, $V=V(x_1, x_2)$ を考えます。

① $d(cU^n)=cnU^{n-1}dU$

② $d(U\pm V)=dU\pm dV$

③ $d(UV)=VdU+UdV$

④ $d\left(\dfrac{U}{V}\right)=\dfrac{(VdU-UdV)}{V^2}$

79　期待値と分散・標準偏差——不確実性の世界

サイコロを振って出た目をXとします。1, 2, 3, 4, 5, 6の目の各々が出る確率は$\frac{1}{6}$であると分かっています。このようなXは「確率変数」と呼ばれ，ある確率法則に従って，いろいろの値をとりうる変数のことです。

確率変数の実現値と，それが起こる確率を対応させた図は，「確率分布」と呼ばれています。確率変数Xが確率$P_1, P_2, \cdots, P_n$で，$x_1, x_2, \cdots, x_n$の値をとるとします。これを，確率P_iが確率変数Xのとりうる値によってその値が変わるとみなせば，

$$P_i = f(x_i)$$

と定式化することができます。$P_i = f(x_i)$は「確率関数」と呼ばれ，次の2つの性質をもっています。

① $P_i = f(x_i) \geq 0 \quad i = 1, 2, \cdots, n$
② $\sum P_i = \sum f(x_i) = 1$

(1) リターン：期待値（$E[X]$）

収益率のリターンは期待値で表されます。サイコロの目の期待値は，サイコロの目（事象）にその生起確率（$\frac{1}{6}$）を掛け合わせた加重平均を意味します。

(2) リスク：分散［$V(X)$］と標準偏差（σ_X）

収益率のリスクは分散と標準偏差で表されています。分散と標準偏差は，確率変数Xが，その期待値を中心にどの程度ばらついているのかを示す指標です。確率変数のバラツキを調べるためには，まずそれぞれの確率変数Xと期待値$E[X]$の差（偏差）を計算します。偏差の期待値は必ずゼロであるので，次に偏差を二乗してその期待値を求めます。これで分散を求めることができました。

分散を計算する際には，偏差を二乗してその期待値を計算しているので，分散の単位はパーセントの二乗になっています。単位を期待値と同じパーセント

にそろえるために,分散の平方根をとれば,それが標準偏差です。

【知っておきましょう】 期待値(平均値),分散および共分散の演算の公式

確率変数 X, Y について,
① $E[aX+b]=aE[X]+b$ (a, b は定数)
② $E[X+Y]=E[X]+E[Y]$
③ $E[XY]=E[X]E[Y]$ (ただし,X, Y が独立ならば)
④ $E[\bar{X}]=\mu$ ($\bar{X}$ は算術平均)
⑤ $V(X)=E[X^2]-\mu^2$
⑥ $V(aX+b)=a^2V(X)$ (a, b は定数)
⑦ $V[X+Y]=V[X]+V[Y]$ (ただし,X, Y が独立ならば)
⑧ $V[\bar{X}]=\dfrac{\sigma^2}{n}$ ($\bar{X}$ は算術平均)
⑨ $\mathrm{Cov}(X, Y)=E[XY]-E[X]E[Y]$

索　引

あ　行

安定条件　82
1回ゲーム　200
一派均衡体系　96
一般均衡分析　92
委任者・代理人関係　207
裏切り戦略　192, 200
エッジワースのボックス・ダイヤグラム　112
n人ゲーム　182
エンゲル曲線　34
男と女のバトル　190
脅し　191

か　行

外部経済　156
外部性　154, 156
外部費用　156
外部不経済　156
外部便益　158
価格
　——に関してゼロ次同次　92
　——に鈍感な人　138
　——に敏感な人　138
　——の下方硬直性　146
　——の需給調整機能　4
　——の情報提供機能　4
　——の誘因提供機能　4
価格規制　102
価格決定式　138
価格差別化　138
価格受容者　6, 126, 128
価格消費曲線　28, 122
価格設定者　6, 128
価格メカニズム　4
下級財　34

確率変数　166, 220
加重限界効用均等の法則　25, 51
課税政策　107
寡占　126, 146
寡占市場　146
合併　159
可変的生産要素　48, 54
可変費用　54
神の見えざる手　4
関数　3
間接税　104, 107
完全競争　126
完全競争市場均衡　121, 126
完全情報　182, 204
完全保険　178
完備情報　182, 204
危険プレミアム　172
基数的効用　14
期待効用　169
期待効用仮説　168
期待値　166, 169, 220
ギッフェン財　37
ギッフェンの逆説　37
規模に関する収穫法則　49
逆選択　210
供給曲線　62
供給者価格　84, 100
供給独占　128
　——の弊害　137
供給独占者　130
　——の利潤最大化問題　134
供給の価格弾力性　74
協調戦略　192, 200
協力ゲーム　192
均衡式　95
均衡の安定性　80

均衡の一意性　80
均衡の存在　80
クールノー・モデル　142
クールノー均衡　143
屈折需要曲線　146
クラブ財　160
計画経済　5
経済財　80
契約曲線　112, 120
k 次同次関数　93
ゲーム　182
ゲームの木　204
限界効用　16, 214, 216
限界効用逓減の法則　15, 17
限界収入　60
限界生産力逓減の法則　49
限界代替率　19, 21, 43, 217
限界代替率逓減の法則　21
限界費用　56, 60
限界便益曲線　156
限界変形率　43, 118
限界利潤　60
現在価値　40
現在財　40, 154
公共財供給の価格調整メカニズム　163
公共財の最適供給量　160
交渉　159
厚生経済学の基本定理　120
厚生経済学の第1基本定理　120
厚生経済学の第2基本定理　120
厚生上の損失　103, 137, 158
恒等式　95
公平性　99, 121
公平な保険　178
効用　15
効用可能性曲線　111, 114
効用可能領域　111
効用関数　3
効用関数の性質　15
効用曲線　49

効用曲面　18
効用空間　111
効用最大化原理　9
効用最大化条件　25
効用の最大化問題　24
効率性　3, 99, 121
コースの定理　157
コーナー解　162
固定的生産要素　48, 54
固定費用　54
個別供給曲線　62, 72
個別需要曲線　30, 70
コミットメント　191
混合戦略　186, 196
混合戦略ミニマックス均衡　198

さ　行

最適規模産出量　140
最適反応　184, 186
最適労働供給　39
財のパレート最適配分　118
サミュエルソン条件　162
産出量最大化　50
参入阻止価格　126
残余需要曲線　129, 133
資源分配問題　2
嗜好　14
自己選択メカニズム　211
支出最小化問題　26
市場供給曲線　72
市場均衡　82, 84
市場均衡条件　78
市場均衡分析　80
市場経済　5
市場需要曲線　70
市場の失敗　154
市場不均衡　82, 84
自然　183, 205
自然独占　126
事前の情報の非対称性　208

死重的損失　103, 105
私的均衡　156
私的限界費用曲線　156, 158
私的限界便益曲線　158
支配戦略　185
社会的均衡　156
社会的総余剰　156
社会的余剰　101
従価税　107
集権的解決　159
自由財　80
囚人のジレンマ　182, 190
従量税　104, 107
需給調整メカニズム　82, 85
主体的均衡条件　78
シュタッケルベルク・モデル　144
シュタッケルベルク均衡　144
需要者価格　84, 100
需要独占　148
需要独占者の利潤最大化問題　150
需要の価格弾力性　74
需要の所得弾力性　74
準公共財　160
純粋交換経済　112
純粋公共財　160
純粋私的財　160
純粋戦略　184
上級財　34
消費者の選択行動　10
消費者余剰　100
消費の集団性　160
情報　182
将来財　40
序数的効用　14
所得効果　36
所得消費曲線　32
スーパーゲーム　201
数量規制　102
スルツキー分解　36
政策的独占　126

生産可能性曲線　43
生産関数　3, 48
生産技術　2, 48
生産経済　116
生産者の行動理論　44
生産者の長期均衡点　67
生産者のボックス・ダイヤグラム　116
生産者余剰　100
生産停止点　62
生産の最適編成　116
生産物市場　78
生産物配分問題　2
生産要素購入予算　48
生産要素のパレート最適配分　118
生産要素配分問題　2
生産力曲線　49
正常財　37
税の超過負担　105
製品差別化　126, 140
絶対的リスク回避度　171
選好関係　20
全微分　219
戦略　182
戦略的操作　191, 192
操業停止点　62, 63
相対的リスク回避度　171
総費用　54
租税の帰着　106
損益分岐点　63

た　行

代替効果　36
宝くじ　168
短期限界費用曲線　66
短期総費用曲線　64
短期の生産関数　48
短期費用関数　53
短期平均費用曲線　66
弾力性　74
チキン・ゲーム　190

逐次手番　183
超過供給　82
超過供給者価格　84
超過供給量　83
超過需要　82
超過需要者価格　84
超過需要量　83
超過負担　107
超過利潤　67
長期限界費用曲線　66
長期総費用曲線　64
長期の生産関数　48
長期費用関数　52
長期平均費用曲線　66
直接税　107
貯蓄　40
適正産出量　55
手番　204
動学　88
導関数　215
等期待効用曲線　169
等産出量曲線　43, 50
投資家の選好関係　174
投資家のリスク回避係数　169
同時手番　183
独占　126
独占的競争　126
独占的競争市場　140
独占利潤　141
トリガー戦略　203
取引オファー曲線　122

な 行

ナッシュ均衡　143, 184
ナッシュの定理　186
2パラメータ・アプローチ　168
ニュメレール（基準財）　93

は 行

排除不可能性　160

蜂の巣モデル　88
バックワード・インダクション　204
パレート基準　110
パレート最適　111
パレート最適配分　112
反応関数　143
比較静学　86
非競合性　160
非協力ゲーム　192
ピグーの課税　159
非経済財　80
非対称情報　126
非排除性　160
微分法　214
非飽和性　15, 17
非模索過程　82
100％保険　178
費用関数　52
費用最小化　50
標準偏差　166, 220
費用逓減産業　154
評判の形成　191
不完全競争　126
不完全情報　126
複数均衡　80
複占　126
2人ゼロ和ゲーム　195
負担比率　106
普通の需要曲線　30
部分均衡分析　92
部分独占　129
不変費用　54
プライスセッター　6
プライステーカー　6
ブランド品　140
フリー・ライダー　162
プレイヤー　182
プレイヤー間の関係　183
分権的解決　159
分散　166, 220

分離均衡 211
平均・分散アプローチ 168
平均費用 56
平均費用逓減 154
ベルトランの複占モデル 145
変動費用 54
偏微分 216
包絡線 64
保険会社 208
保険会社の利潤 177
保険口数の決定 176, 211
保険産業の長期均衡 177
保険線 176, 209
保険プレミアム 172
保険料の引き上げ 211
保険料率 177
補償需要関数 37
補助金政策 159

ま 行

マーシャルの安定条件 85
マーシャルの需要曲線 30
マーシャルの数量調整 85
ミニマックス均衡 194
ミニマックス原理 195
無限繰り返しゲーム 200
無差別曲線 20, 112
　リスク愛好者の―― 174
　リスク回避者の―― 174
　リスク中立者の―― 174
メリット財 160
モラル・ハザード 212

や 行

約束 191
有限繰り返しゲーム 200
優等財 34
予算集合 23
予算線 22
余剰 100

ら・わ 行

ラーナーの独占度 131
利潤曲線 58
利潤最大化 46, 58
利潤最大化の1階の条件 61
利潤最大化の2階の条件 61
利子率 40
リスク 166, 220
リスク・プレミアム 172
リスク愛好者 170
リスク回避者 170
リスク中立者 170
リスクに対する選好 170
リターン 166, 220
利得 182
利得表 182
リンダール・メカニズム 163
劣等財 34
労働供給 38
ワルラスの安定条件 82
ワルラスの価格調整 83
ワルラスの価格調整メカニズム 122
ワルラスの法則 94-96

《著者紹介》

滝川　好夫（たきがわ・よしお）
　1953年　兵庫県に生まれる。
　1978年　神戸大学大学院経済学研究科博士前期課程修了。
　1980-82年　アメリカ合衆国エール大学大学院。
　1993-94年　カナダブリティシュ・コロンビア大学客員研究員。
　現　在　神戸大学大学院経済学研究科教授（金融経済論，金融機構論）
　主　著　『現代金融経済論の基本問題──貨幣・信用の作用と銀行の役割』勁草書房，1997年7月。
　　　　　『ミクロ経済学の要点整理』税務経理協会，1999年3月。
　　　　　『マクロ経済学の要点整理』税務経理協会，1999年4月。
　　　　　『経済学の要点整理』税務経理協会，2000年1月。
　　　　　『経済学計算問題の楽々攻略法』税務経理協会，2000年6月。
　　　　　『経済学の楽々問題演習』税務経理協会，2000年10月。
　　　　　『文系学生のための　数学・統計学・資料解釈のテクニック』税務経理協会，2002年6月。
　　　　　『経済記事の要点がスラスラ読める「経済図表・用語」早わかり』PHP文庫，2002年12月。
　　　　　『ケインズなら日本経済をどう再生する』税務経理協会，2003年6月。
　　　　　『ミクロ経済学の楽々問題演習』税務経理協会，2007年2月。
　　　　　『マクロ経済学の楽々問題演習』税務経理協会，2007年2月。
　　　　　『ケインズ経済学を読む──「貨幣改革論」・「貨幣論」・「雇用・利子および貨幣の一般理論」』
　　　　　　ミネルヴァ書房，2008年3月。
　　　　　『たのしく学ぶ金融論』ミネルヴァ書房，2008年4月。
　　　　　『たのしく学ぶマクロ経済学』ミネルヴァ書房，2008年4月。
　　　　　『資本主義はどこへ行くのか：新しい経済学の提唱』PHP研究所，2009年2月。

　　　　　　　　　　　　　　　たのしく学ぶミクロ経済学
　　　　　　　　　2009年7月20日　初版第1刷発行　　　　　　　〈検印廃止〉

　　　　　　　　　　　　　　　　　　　　　　　　　定価はカバーに
　　　　　　　　　　　　　　　　　　　　　　　　　表示しています

　　　　　　　　　　　　　著　者　　　滝　川　好　夫
　　　　　　　　　　　　　発行者　　　杉　田　啓　三
　　　　　　　　　　　　　印刷者　　　坂　本　喜　杏

　　　　　　　発行所　株式会社　ミネルヴァ書房
　　　　　　　　　　607-8494　京都市山科区日ノ岡堤谷町1
　　　　　　　　　　　　　電話代表　(075)581-5191番
　　　　　　　　　　　　　振替口座　01020-0-8076番

　　　　　　　© 滝川好夫，2009　　冨山房インターナショナル・清水製本

　　　　　　　　　　　ISBN 978-4-623-05469-5
　　　　　　　　　　　　Printed in Japan

ケインズ経済学を読む

滝川好夫 著　**A5判　256頁　本体2800円**

●『貨幣改革論』・『貨幣論』・『雇用・利子および貨幣の一般理論』　ケインズ経済学の古典三冊を実際の内容に沿って平易に解説する。

たのしく学ぶ　マクロ経済学

滝川好夫 著　**A5判　288頁　本体2800円**

金融の基本を，現実の経済から題材をとり，各項目を見開きでわかりやすく解説。初学者が抵抗感無く読み始めることの出来る，理論と現実のギャップを埋める入門書。

たのしく学ぶ　金融論

滝川好夫 著　**A5判　304頁　本体2800円**

マクロ経済学の基本を，現実の生きた経済から題材をとり，各項目を見開きでわかりやすく解説。初学者が抵抗感無く読み始めることの出来るテキスト。

入門経済学（オイコノミカ）

森田雅憲 著　**四六判　280頁　本体2500円**

豊かさを経済学がどこに見出してきたかを縦糸に理論を解説。理論の必要性と改めて学ぶ点はどこかを学ぶ。

おもしろ経済数学

山﨑好裕 著　**A5判　152頁　本体2000円**

ミクロ経済学の基本的なトピックを追いながら，数学が分かった！　という感覚を届ける，よくわかるテキスト。

― ミネルヴァ書房 ―

http://www.minervashobo.co.jp/